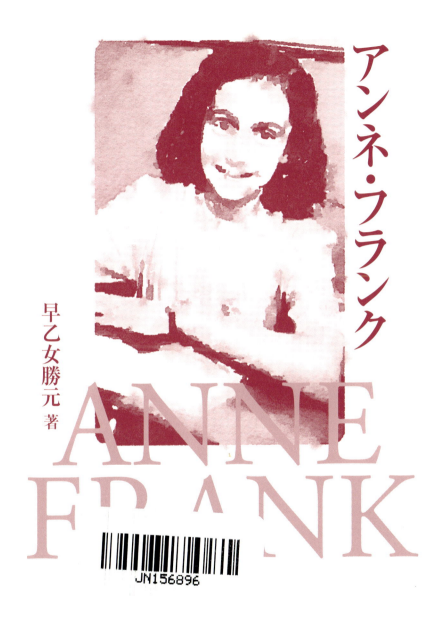

アンネ・フランク

ANNE FRANK

早乙女勝元 著

新日本出版社

アンネ・フランク　もくじ

アンネ・フランク　隠れ家を守った人たち　5

アウシュビッツと私　91

隠れ家ビルの裏側

ビルケナウ強制収容所

アンネ・フランク　隠れ家を守った人たち

アンネ11歳。モンテッソリ小学校の教室で

1　隠《かく》れ家《が》への第一歩

「外はいいお天気です。昨日以来、すっかり気分がよくなりました。ほとんど毎朝、屋根《やね》裏《うら》へ行ってペーターとお話します。彼《かれ》と話していると、胸《むね》のつかえがすっかりとれてしまいます。

屋根裏のわたしの好きな場所から、青い空を見上げたり、葉の落ちた栗《くり》の木をながめたりします。栗の枝には小さな雨のしずくが銀のように光り、空にはカモメやいろいろな鳥が風に乗って滑空《かっくう》しています。

彼は大きな梁《はり》に頭をあてて立ち、わたしは坐《すわ》っています。彼は新鮮《しんせん》な空気を吸《す》いながら、じっと外をながめています。二人とも、このひとときを言葉で乱《みだ》したくないのです」*

（*アンネ・フランク、皆藤幸蔵訳『アンネの日記』文春文庫、以下引用は同じ）

第二次大戦も末期に近づいた一九四四年二月二十三日づけの日記帳に、アンネ・フランクはひそかにそうペンを走らせた。

この時、アンネは十四歳《さい》。

隠れ家生活はすでに一年八カ月にもなっていた。この期間は、アンネのそれまでの生涯《しょうがい》の十分の一を超える。決して短くはない。

息詰《いきづ》まるような隠れ家の中で、アンネは恋《こい》以前の恋のような淡《あわ》い感情に揺《ゆ》れ動く。その対象はオス猫《ねこ》モッシをつれてきた三歳ほど年上のペーターで、彼もまた同じ屋根の下で、同じ運命を分かち合っている。

二月二十三日は、水曜日だった。

といっても、ここでは曜日は、あまり問題にならない。

学校へ行ける自由はないし、一歩も外に出られないし、したがって新学期もなければ、休日もなく、ただ緊張《きんちょう》の時計だけが時を刻《きざ》んでいくだけだ。それも、いつまで、どこまで続くことか。だから、たまたまの水曜日であったにしても、最後の水曜日になるかもしれず、屋根裏でペーターと二人だけのひとときを、アンネは、切ないほどその胸にたしかめたことだろう。

アンネの目に映《うつ》る空は、快晴。

二度目に迎《むか》えた長い冬も、ようやく動き出すかに見えて、透《す》き通ってなごみはじめた空気だ。すこし前に一雨落ちたか中庭の栗の大木がしっとり濡《ぬ》れて、水滴《すいてき》が陽光にきらめく。まるで、色とりどりの宝石《ほうせき》でも散りばめたみたいに。……

大木の梢《こずえ》に群がるのは、たぶん、おしゃべりな小鳥たちだろう。仲良く親しげにさえずる頭上に、白いカモメが、大きな羽根をそう動かすこともなく、ゆったりたっぷりと、紺青《こんじょう》の空を飛翔《ひしょう》する。

アンネと、ペーターは、ただ黙《だま》ってそれを見続ける。自由と平和は、すぐ鼻先にあるように見えるが、どんなに手を伸《の》ばしても、指に触《ふ》れるものはない。

「二人とも、このひとときを言葉で乱したくないのです……」

と、アンネが思春期のときめきをそっと書きしるした日から、ざっと四十年の歳月《さいげつ》が経過した一九八三年夏、私ははじめて彼女《かのじょ》が自由を求めてやまなかった町の土を踏《ふ》みしめた。

アムステルダム。

オランダの首都である。オランダ語ではオランダの国名はネーデルランドで、低い土地という意味だが、たしかに全土の相当部分が海面下にあり、水位より低いところに国民の六割《わり》が居住している。

この水の利をいかして、十七世紀のオランダは海上貿易により世界に飛躍《ひやく》し、自由な現実主義の気風を愛して、小国ながら先進国の仲間入りをした。首都アムステルダムは、うるわしく寛容《かんよう》な空気がただよい、百六十からの運河によってきざまれ、ニレの木々に囲まれる水の都である。

その運河の一つに、プリンセンフラフトがある。アムステルダム市内の中心部に近く、中央駅から歩いても、ほんの一息のところ。目印は、市内で最高八十五メートルの高さと、優雅《ゆうが》な建築美を誇《ほこ》る西教会の塔《とう》だ。鐘楼《しょうろう》の頂上《ちょうじょう》には、一四八九年当時、アムステルダムの防衛にあたったマキシミリアン皇帝《こうてい》を記念して造られた黄金の冠《かんむり》が輝《かがや》いている。

黄金の冠をさかさまに映すプリンセン堀《ぼり》のきわには、静かな並木道《なみきみち》が続き、赤レンガの四階建ての建物が、隙《すき》も洩《も》らさず、びっしりとつらなっている。いずれも三五〇年ほど前に商業用住宅《じゅうたく》として造られたもので、十七世紀の面影《おもかげ》をこんにちにとどめている。

建物の特徴《とくちょう》は、道路に面した間口が、とても狭《せま》いことだ。

運河が物資輸送にさかんに使われていた頃《ころ》の建築物は、それだけ利用度も高かったから、運河に面した間口の幅で課税額が決定されたという。したがって、いずれも背の高い建物になり、奥行《おくゆ》きを異常《いじょう》に深くせざるをえなかった。家具や品物を窓《まど》から搬入《はんにゅう》するため、どの家にも、屋根の下にフックと称《しょう》する金棒《かなぼう》が出ている。滑車《かっしゃ》をつけて、井戸のつるべ式にロープで吊《つ》り上げたのである。

路面から見たところ、建物の奥行きがどのくらいあるかはまったくわからない。この種の家屋の多くは、採光のため、奥に渡《わた》り廊下《ろうか》で、別棟《べつむね》を結ぶ形式が多くなる。ハウス二六三番のアンネの隠れ家も、まさしくそうしたアムステルダム特有の、古く謎《なぞ》めいた建物の一つだった。

隠れ家は、いまはアンネ・ハウスという。

アンネ・フランク財団の管理する小記念館になっている。


早朝八時過ぎ、私たちの一行は、アンネ・ハウスの前に立った。

親しい二人のカメラマンと、アンネの名は知っていても戦争はピンとこない三人のわが子、ならびに小学校の教師の妻、そして現地の通訳《つうやく》さんと。ああ、来た。ついに来た……という思いに、私の胸はかすかにときめく。

ハウスといっても、それは四階建ての事務所兼《けん》倉庫みたいなノッポビルだ。

二階から四階まで、各階ごとに上下に開く大きなガラス窓が三つ。一階部分だけ窓の二つ分が、いずれも左右に開くドアになっていて、中央のそれはおそらく荷物の搬入時だけに使用され、左側の古ぼけた緑色のペンキで塗《ぬ》られたドアが、通常の出入口になっている。

ドアの横の柱に、白地にくっきりとした文字の標示が出ている。

Anne Frank Huis

八時半。約束の時間きっかりに、アンネ・フランク財団教育担当官《たんとうかん》のV・D・ワウターさんが登場した。

「ややあ、はるばるよくいらっしゃいました。みなさん、お元気そうですね。お便りをいただいてお待ちしてましたよ」

と、笑顔《えがお》で歓迎《かんげい》の握手《あくしゅ》をしてくださる。

教育担当官という肩書《かたが》きはいかめしいが、金髪《きんぱつ》のもじゃもじゃ頭にメガネ、半袖《はんそで》水色シャツ姿《すがた》の、いかにも親しみやすい方である。中学生のはくようなスニーカーの足どりも軽い。

「それでは、さっそくに、ご案内しましょう」

と、表ドアを開けてくれた。

ハウスの開館は、ふつう午前九時なのだが、私たちは、この本のために特別な配慮《はいりよ》をしていただいた。狭い隠れ家に、押《お》すな押すなの人出ではカメラマンも仕事にならないし、アンネの孤独《こどく》な心の内もとらえにくい。そのかわり、きっといい本を作りますから、とつぶやきつつ、私たちは、ワウターさんに続いて、表ドアを入ったとたんの木造階段《かいだん》を登る。

一階は倉庫で、当時アンネの父親、オットー・フランクさんはここで香辛料《こうしんりよう》卸《おろし》売りの事業をしていた。道路に面した一階には香料《こうりよう》植物用粉砕器《ふんさいき》があって、原料や、荷作り用の紙袋《かみぶくろ》などが収納《しゆうのう》されていたという。階段を登りつめた二階が、事務室だ。ここからさらに階段が三階へと伸びる。

階段の空間は最小限に倹約《けんやく》したとみえて、一人が通るのがやっとの狭さの上に、かなりの

本棚の裏に入口がある
（前に立つ作者の娘、愛）

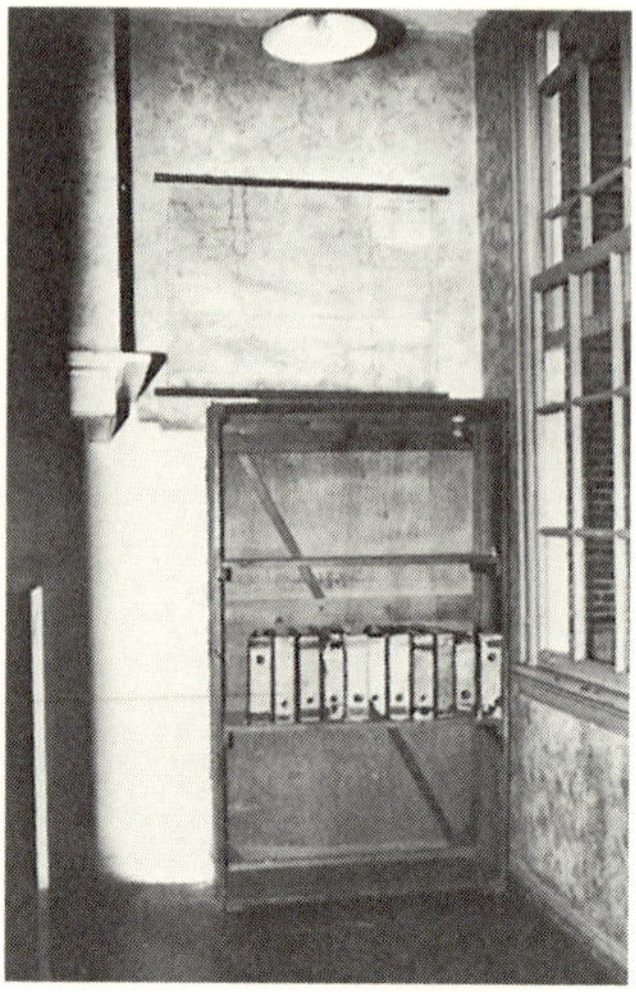

秘密部屋の入口。本棚でカモ
フラージュされている

急勾配《きゅうこうばい》で、擦《す》り減った板が、靴《くつ》の下にミシミシと鳴る。

　三階に出ると、またまた原料置場の収納室を右に見て、廊下が奥へまっすぐ伸びる。その突き当たりの壁に、古びた木製の本棚《ほんだな》があった。色あせた大きめのファイルが、中央の棚《たな》にだけ十冊《さつ》ほど並《なら》んでいた。本棚の上の壁には、赤茶けて染《し》みだらけの世界地図が、なにやら意味ありげに。……

　ワウターさんの左手が、本棚の中ほどの仕切りにかかったと思ったとたん、本棚はわりと軽《かろ》やかに手前に動いて、その裏にぽっかりほら穴《あな》のような入口が現われた。本棚は回転式になっており、少々はみ出る入口の上部をかくすために、掛《かけ》地図の必要があったというわけだった。本棚も地図も、もちろん当時のままのものだという。

　ここからが、アンネたちのひそむ別棟三、四階

隠れ家部屋に通じる最初の階段

部分の隠れ家になる。

　私は息をひそめ、おそるおそる回転本棚つきの秘密《ひみつ》の入口をくぐった。

　入ったとたんの鼻先に、ほとんど垂直《すいちょく》に近いような四階への階段があって、階段の隣《となり》のドアの先が、オットー夫妻と姉マルゴットの居間兼寝室《しんしつ》だった。中庭に面して窓が一つ。当時は家具や生活必需品《ひつじゅひん》など、最小限のものがいろいろあったにちがいないが、それらのものが取《と》り払《はら》われた部屋はがらんとして、予想外に広い感じ。

　色あせた壁の一隅《いちぐう》に、またまた地図が……。オットー氏が、ロンドンからの短波放送で戦局を知るたびに、連合軍の進撃状況《しんげきじょうきょう》をしるしたノルマンディーの地図である。隠れ家の人たちは、ただただラジオからのニュースに、一喜一憂《いっきいちゆう》したことだろうと思う。

地図の横には、うっすらとした線だが、アンネとマルゴットが、その身長の成長をしるした跡《あと》がある。Ａ42は、一九四二年のアンネのサインだ。

そのアンネは、隣部屋のやや細長い一室を、歯科医デュッセル氏と共有していた。やはり、なにもない。がらんとしている。しかし、壁にはアンネの好きだった風景の写真や、新聞の切りぬき、スターのブロマイドなどがこまごまと貼《は》ってある。それもそのまま残されて、年頃の少女の息づかいが、ふっときこえてきそうな感じである。

ここにも、窓が一つ。白いカーテンがさがっている。

カメラマン氏は、窓を開け身を乗り出すようにして、アンネの目に映《えい》じた風景をカメラに収《おさ》めていた。

古びた建物に囲まれたテニス・コートほどの中庭には、栗の巨木《きょぼく》が大ぶりの枝をひろげ、人気のない空き地に、チャボのような鳥が、小さな数羽の雛《ひな》をしたがえて、せっせと土の中の餌《えさ》をついばんでいた。

ああ、鳥の親子だって、こんなにゆったりとした自由があるのに、アンネたち、隠れ家の人びとは、この窓を開けることさえできなかったのだ。開ければ、だれか人がいるとさとられてしまう。昼はぼろ布を縫《ぬ》い合わせて作った厚手のカーテンを、夜はちらっとでも明かりが洩《も》れることのないよう、内側から板を打ちつけて外部の目を完全に遮断《しゃだん》した。

アンネの部屋の壁。壁には写真やブロマイドが貼られ、"銀盤の女王"ソニア・ヘニー、英国のエリザベス王女（現・女王）、女優ディアナ・ダービンらが見える

と同時に、内部の様子にも、細心の注意を払《はら》わなければならなかった。

階下の二階は事務室に、一階は倉庫になっていた。朝八時半から夕方の五時半までは、一階に働く人がいる。二階にだって、いつ、だれがやってくるかわからない。したがって、この時間内の日中は、うかつな声や足音はもちろんのこと、トイレにも行くこともできなかったのである。

そのトイレは、ごく小さな洗面所《せんめんじょ》とともに、アンネの部屋の手前、隠れ家のドアを入ってすぐの右手にあった。

水洗式《すいせんしき》のものである。日本とちがって、当時のオランダでは、このようなトイレが常識になっていたのだろう。電気もつけば、水洗トイレもあり、ちょっと手を洗《あら》う程度の洗面所で、なんとか洗たくもやってできないことはないという結構な隠れ家なのだが、零下何十度にもなる時期の暖房《だんぼう》や、ごみの焼却《しょうきゃく》、さらに調理の台所はどうなっていたのか。……

胸をつくような階段を登って、そっくり同じ面積の四階へ。

四階は、さらに屋根裏へ向かう梯子《はしご》階段のある小部屋のほかは、仕切りなしのワン・フロアになっていて、かねてからオットー氏と親しい実業家のファン・ダーン夫妻と、その一人息子《むすこ》ペーターがいた。ただしペーターだけは、屋根裏へ向かう小部屋にベッドを置いていた。この部屋はまた、隠れ家に住む八人のくつろぐ居間であり、食堂であり、台所でもあった。形ばかりのキッチンと、食器棚《しょっきだな》のほかに、小さなストーブがある。

ストーブの上には、柄《え》のついた旧式のフライパンが乗っている。

私は、しばらくの間、そこから目を離《はな》すことができなかった。ほかにどんな調理用具があったかしれないが、このフライパンも、まちがいなくその一つなのだ。

そっと、手を伸ばしてみた。

触《さわ》れば、アンネたちが料理したその余熱が、まだかすかに残っているかのような気がしたが、それは私の錯覚《さっかく》でしかなかった。あれから、実に四十年もの歳月が過ぎている。

ストーブは、夏冬を通してたかれ、料理用、暖房用と同時にごみの焼却にも使われた、とワ

隠れ家のストーブ　暖房用はもちろんのこと、
炊事用にも使われていた

ウターさんはいう。ストーブの使用が外部から怪《あや》しまれなかったのは、ここがもともと香辛料の実験室として、近隣《きんりん》の人たちに印象づけられていたからとのこと。しかし、実際は戦争が開始されてからは材料不足のために、実験どころの話ではなかったのだそうだ。

ワウターさんから、そんな説明を聞き、メモしているうち、私はぎょっと耳をそば立てた。

「あ、あの音……！」

私は、たぶん、一瞬《いっしゅん》に顔色を失ったにちがいない。

「どうしました？」と、通訳さん。

ピーポー、ピーポーと、遠くから急を告げる警《けい》笛《てき》が接近してきて、通りに面した路上にきゅっとブレーキの音が……と思ったら、不気味な警笛はそのまま通り過ぎていってしまった。戦後まもな

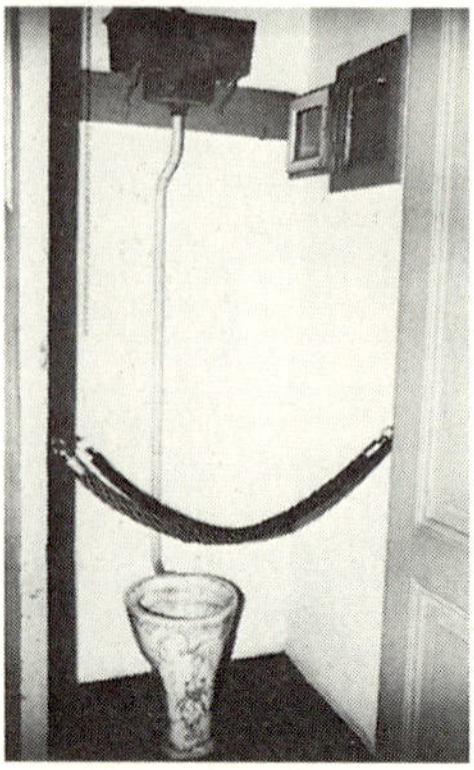

隠れ家の水洗トイレ

隠れ家の洗面所

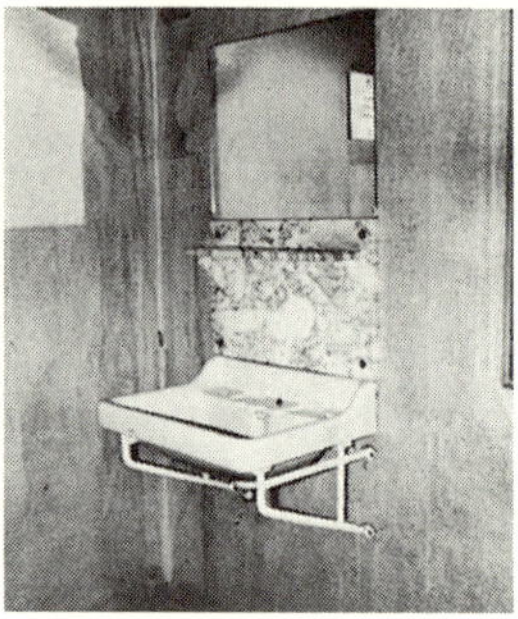

屋根裏に通じる
梯子階段

くのイタリア映画《えいが》「無防備都市」の一画面で見た記憶《きおく》がある。ゲシュタポ（ドイツ秘密警察《けいさつ》）の車の音は、いまは日本の救急車と同じらしい。

「いえ、ちょっとかんちがいしまして」

いつのまにか、私も隠れ家の住人の一人のような気になっていたのだろう。

ペーターの部屋から、一段ずつ梯子《はしご》階段をよじ登って、老朽《ろうきゅう》ビルの屋根裏へ。

ここはかなり危険《きけん》なので、一般《いっぱん》の見学者は遠慮《えんりょ》してもらっているが、特別にご案内するというワウターさんに、私は大いに恐縮《きょうしゅく》し、責任を感じた。

梯子階段の上は、天井《てんじょう》に当たる床面《ゆかめん》が四角にぱっくりと開いていて、いよいよ隠れ家の最上部になる。太い梁がごつごつとむき出しになった屋根裏部屋は屋根が左右に傾斜《けいしゃ》していたから、立って歩けるのは中央部分だけだったが、一方の窓から射《さ》し込《こ》む陽光はまぶしいほど明るくて、ひろびろとしている。小部屋も仕切りもないので、三、四階と同じ面積がすべて床面になる。

これまで見てきたかぎり、隠れ家とはいえ、私の友人の住む都営団地などより、ずっと広そうなのは、なんとも皮肉なことだった。日本の住宅事情は、オランダの隠れ家以下ということにもなるだろう。

しかし、なにもかも制約ずくめの空間の中で、隠れ家住人たちのもっとも自由な場所は、この屋根裏といってよかった。最上部のためふつうに話しても、話声が外部に洩《も》れる心配はなかったし、正方形に切り取ったような窓を開いても、周囲から発見されることもない。

といっても、照明もなければ、台所やトイレもないのだから、生活できる場所ではなく、せいぜい食糧《しょくりょう》の貯蔵《ちょぞう》場所くらいにしか使えなかったはずである。

一九四二年二月以降《いこう》、アンネは心ひそかに慕《した》うペーターと、父親から禁止を言いわたされるまで、ほとんどの日のひとときをここで過ごしている。

『アンネの日記』を読んで感じることだが、その自己《じこ》主張はみごとというよりほかなく、特にペーターとのくだりでは、思春期のみずみずしい感性と知性があふれている。

二月では、まだ指先のかじかむような寒気が続いていただろうに、二人はその指先をたがいの息であたため、せめてもの自由な願いを、窓の外を飛ぶカモメや小鳥たちに託《たく》した。私は、窓ぎわに立った。そっと手を伸ばして、ガラス窓を開けてみる。

きしんだ音……。木の枠《わく》も、もうかなりの痛《いた》み具合だ。

とたんに、私はまばたきした。小さな窓の彼方《かなた》に、アムステルダムの広大な町並がふくれあがった。この町独特の、屋根と屋根のかさなりは絵画的といってもよく、しかも一軒《いっけん》ずつに豊かな個性がある。屋根の谷間から、ぐいと背をもたげるようにして、どこまでもそそり立つ美しい塔は、西教会の鐘楼《しょうろう》だ。

最上部の黄金の冠《かんむり》がきらきらと光って、かすかにゆらぎながら、いまにも目の前にのしかぶさってくるかのよう。と、見ているまに、からんころんと、さながらオルゴールのような鐘《かね》の音が響《ひび》いてきた。

「あれは、十五分ごとに鳴ります。今も昔も変わることなく……」

ワウターさんが、静かな口調でいった。

そうすると、隠れ家のアンネもまた、ペーターと二人きりで、何度か同じ音色をここで耳にしたことになる。

「それから、アンネの日記によく出てきますね。ペーターと坐《すわ》った衣装箱《いしょうばこ》、ほら、そこにあります」

と、ワウターさんのいうのに、私は思わず振り返った。

床の上に、がっちりとした木箱が置かれてあった。金具で縁取《ふちど》りしてあったが、把手《とって》はさびつき、板のペンキはかなりはげている。それでも、いかにも堅牢《けんろう》な作りで、坐り心地《ごこち》はよさそうだった。とたんに、アンネとペーターの会話が、小鳥のさえずりみたいにきこえてくる。

「『きみは笑ったときに、えくぼができるけど、どうすればできるの』

『生まれつきよ。あごにもえくぼができるわ。わたしのかわいいところはえくぼだけ!』

『そんなことないよ。それは違《ちが》うよ』

『そうよ。自分が美人でないことは、わたしよく知っているわ。美人でないし将来《しょうらい》も美人にならないでしょう』

『ぼくはそうは思わない。きみはきれいだと思う』

『うそよ』

『ぼくがそう言うんだから、信じてもいいだろう』

……」(44・3・23)

ぺちゃくちゃとはずんだ声と、笑い声とがぷっつりと切れて、あたりはすべての空気を抜《ぬ》き取られたみたいに真空になった。衣装箱の上に坐っていたはずの二人は消えてしまって、箱だけがある。

「あれは……」

その衣装箱の横に、小さな木製の机《つくえ》と椅子《いす》があるのに気づいて、私はたずねた。

「アンネが、モンテッソリ・スクールで学んでいた時のものです。こちらに引きとらせてもらいました」

「そうですか」

うなずきながら、私は自分の胸に激《はげ》しいような動悸《どうき》を感じてならなかった。

いまにも、アンネがそのへんの太い梁《はり》の陰《かげ》から、ひょいと飛び出してきそうである。青白い顔に、目ばかり大きく見張って、ほっそりしたしなやかな足でスキップしながら、ニコニコと笑顔で。……

梯子《はしご》階段に足音がきこえて、おさげ髪の笑顔が覗《のぞ》いたが、それはアンネではなくて、アンネよりいくつか年下のわが家の娘だった。娘に続いて、私はふたたび窓ぎわに立ってみた。西教会の鐘楼《しょうろう》の彼方にひろがる空は、一点の雲さえない快晴である。陽光はさえざえと澄《す》んで、目のなかが洗われるかのよう。

この光と、この透明《とうめい》な空があるかぎり、そして、それを見ていられる間、自分は不幸ではない、とアンネは胸につぶやいたことだろう。隠れ家の壁は厚く、なにもかも遮断していたが、閉《と》ざされた世界からただ一カ所だけ開く窓の空気にふれて、彼女はその都度《つど》、生きることの感

屋根裏部屋。アンネの小学校時代、教室で使用していた机と椅子

動をたしかめたのだった。

一九四四年三月七日、隠れ家生活も最後に近づきかけた早春のひととき、アンネはその胸にふくらむ思いを抑《おさ》えきれず、日記にこうしるしている。

「幸福な人はだれでも、他人をも幸福にすることでしょう。勇気と信念のある人は、決して不幸の中で死にはしません」

アンネの歩みと社会の動き

1929年　6月12日、アンネ、ドイツのフランクフルト市マルバッハ通り三〇七番地に生まれる　10月24日、米国ニューヨーク株式市場大暴落、世界恐慌はじまる

1930年　アンネ1歳。フランク家、フランクフルト市内を転居。ガングホーファー街二四番地へ　9月14日、ドイツ・ナチス党、国会選挙で社会民主党についで第二党（95人増の107人当選）

1931年　アンネ2歳。　10月11日、ナチス党右翼勢力は共同戦線結成。同12月には革新勢力も共同戦線結成

1932年　アンネ3歳。　3月13日、ドイツの大統領選挙でヒトラー、ヒンデンブルグについで2位（30・1％）　7月、ナチス党、国会選挙で第一党（230議席）

1933年　アンネ4歳。この年の夏、フランク一家は、ユダヤ人迫害から逃れて、フランクフルトを去る。アンネ、母、姉とともにいったん母方の実家のあるアーヘンへ　1月30日、ヒトラー、ドイツ首相に就任。アインシュタイン、トーマス・マンらドイツから亡命

1934年　アンネ5歳。3月、アンネたちは、用意がととのったオランダのアムステルダムの家へ移る。アンネ、モンテッソリ幼稚園へ入園　8月2日、ヒンデンブルグ大統領死去、ヒトラー、大統領と首相を兼任する

1935年　アンネ6歳。モンテッソリ小学校入学　3月16日、ドイツ、徴兵制による再軍備宣言　9月15日、ドイツ、ニュールンベルグ諸法（ユダヤ人の市民権剥奪、ユダヤ人との結婚禁止）公布　10月3日、イタリア、エチオピアに侵入する

1936年　アンネ7歳。小学校2年生の頃、病気で学校を休みがち　7月18日、スペイン内乱起こる　8月1日、ベルリン・オリンピック大会開催される

1937年　アンネ8歳。小学校3年生、いぜん病気で学校を休みがち　4月26日、ドイツ軍、スペインのゲルニカ爆撃　7月7日、日本軍、日中戦争起こす

1938年　アンネ9歳。小学校4年生。母方の祖母、ドイツからオランダへ移住し、アンネらと同居　3月13日、ドイツ軍、オーストリアを併合　9月30日、ミュンヘン協定調印　10月、ドイツ在住ユダヤ人への最初の追放命令

1939年　アンネ10歳。小学校5年生　3月、ドイツ軍、チェコのプラハ進撃　8月、オランダ総動員令発令　9月1

日、ドイツ軍、ポーランド攻撃、第二次世界大戦はじまる
1940年 アンネ11歳。小学校6年生　5月10日、ドイツ軍、西部戦線で奇襲攻撃開始　5月13日、オランダのウィルヘルミナ女王ら王室、閣僚ら亡命。同14日、オランダ軍降伏　7月2日、オランダ在住ユダヤ人の届出令出される
1941年 アンネ12歳。アンネの父、オットー、トラフィース商会をコープハイスに、コールン商会をクラーレルにゆずる。アンネは、モンテッソリ小学校を卒業して、ユダヤ人中学校に入学　2月22～23日、アムステルダムで最初の〝ユダヤ人狩り〟　9月3日、ポーランドにあるアウシュビッツ強制収容所で最初のガス殺人実験　12月8日、日本、米・英・オランダへ宣戦を布告する
1942年 アンネ13歳。1月、祖母死去　6月12日、誕生日に父から「日記帳」を贈られる　7月5日、姉マルゴットへ呼び出し状がくる　7月6日、一家はプリンセン堀の隠れ家へ移る　4月29日、オランダ在住ユダヤ人にダビデの星章を施行　6月30日、オランダ在住ユダヤ人の行動制限指令　11月8日、連合軍、北アフリカに上陸、反撃開始される
1943年 アンネ14歳。隠れ家生活にも、ようやくなれる　1月31日、ドイツ軍、スターリングラードで敗北　7月10日、連合軍、イタリア・シチリア島に上陸　9月8日、イタリア、連合国に無条件降伏する
1944年 アンネ15歳。8月1日、『アンネの日記』は、この日で終わる　8月4日、隠れ家が発見され、住人8名はゲシュタポ本部へ連行されのちにベステルボルグ収容所へ収容される　9月3日、ポーランドのアウシュビッツ収容所へ移送　10月30日、姉・マルゴットとともにドイツのベルゲン・ベルゼン収容所へ移送される　6月6日連合軍、フランスのノルマンディーに上陸　7月20日、ヒトラー暗殺未遂事件　8月23日、連合軍パリを解放する
1945年 ベルゲン・ベルゼン収容所にチフス流行　1月6日、アンネの母・エーディトは、アウシュビッツ収容所で病死　1月27日、アウシュビッツ収容所に残っていた父・オットーは、ソ連軍によって救出される　2月末、姉・マルゴット、チフスで死亡　3月、姉の後を追うようにして、アンネ15歳9ヵ月の生涯をとじる　4月30日、ヒトラー自殺　5月4日、連合軍、オランダ解放　5月7日、ドイツ、連合国に降伏する　8月6日、広島、9日、長崎に米国によって原子爆弾が投下される　8月15日、日本の降伏によって第二次世界大戦が終わる

2　隠《かく》れ家《が》までのアンネは…

ここで隠れ家生活に入るまでのアンネの生《お》いたちと、アンネをふくむユダヤ人たちが迫害《はくがい》されるに至《いた》ったドイツならびにオランダの社会的背景《はいけい》を、ごく大ざっぱにたどることにしよう。

一九二九年といえば、日本流でいうと、昭和四年になるが、この年の六月十二日の朝早く、フランク家の二女としてアンネリース・マリーが誕生《たんじょう》した。

彼女《かのじょ》は、通称《つうしょう》「アンネ」と呼《よ》ばれることになる。

アンネが生まれたのは、ドイツのフランクフルト市マルバッハ通り三〇七番地。父親は、オットー・ハインリヒ・フランク。母親はエディート・ホレンダー・フランクで、アンネの上には、三歳《さい》年上の姉マルゴットがいた。

戦後アンネの短かな生涯《しょうがい》を追いかけたドイツの作家エルンスト・シュナーベルの『少女アンネ―その足跡《あしあと》』によれば、フランク家は、フランクフルトでも、古くからのユダヤ系《けい》ドイツ人の家系《かけい》で、オットー氏の父親は、かなりの力量ある実業家だったという。

その志を受《う》け継《つ》いで、オットー氏も大学を出るとすぐ実業界に身を投じた。まもなく第一次世界大戦の火ぶたが切られると、兵役《へいえき》につかねばならなくなり、それほど血なまぐさい功績を上げたわけでもなかったにもかかわらず、短期間に中尉《ちゅうい》にまで昇進《しょうしん》している。知的な洞察《どうさつりょく》力と、思慮《しりょ》ぶかい統率力《とうそつりょく》とが買われたものと思われる。

一九一八年、第一次世界大戦は終了《しゅうりょう》し、その混乱《こんらん》のなかに水兵の反乱《はんらん》からベルリンに革命《かくめい》の狼煙《のろし》が上がり、共和国宣言《せんげん》が行われた。これにより帝政《ていせい》ドイツが崩壊《ほうかい》したことはたしかだったが、共和制の未来に明確なものを欠いていたのが、後に大きな亀裂《きれつ》となり、破壊《はかい》と殺戮《さつりく》の独《どく》裁《さい》政治ヒトラー・ナチスを生み出すことになる。

しかし、戦後の民主主義は戦争で疲《つか》れた人びとに、一時期にせよ日だまりのようなぬくもりを与《あた》え、オットー氏はフランクフルトに腰《こし》をすえて銀行業のほか、事業にも手を伸《の》ばし、それが成功した。この時期、オットー氏は三十六歳で、二十五歳のエーディトと結ばれた。結婚《けっこん》がすこし遅《おそ》くなったのは、ひとえに戦争のせいである。

長女マルゴットに続いて、フランク家に誕生したアンネは、最初、男の子とまちがえられたという。

大変な難産《なんざん》で、前日の夕刻《ゆうこく》から、朝の七時までかかった。母親はもちろんだが看護師《かんごし》も疲労《ひろう》困憊《こんぱい》し、朦朧《もうろう》となっていたのだろう。と同時に、生まれた時から、どこか女の子らしからぬ感

家族で友人のミープとヘンクの結婚式場に向かう。
オットー・フランクとアンネ（中央）の笑顔が……

じがあった、ともいわれる。

第一印象というのはばかにならず、その後のアンネの成長ぶりは、何事にもひかえめでおとなしいマルゴットと、常に対照的な存在《そんざい》となった。アンネは男の子さながらに、いたずらで、少し気まぐれで、やんちゃな活力をそなえ、いつも母親や家政婦にとって悩《なや》みのタネだったらしい。

後に学校に上がっても、静かで優等生《ゆうとうせい》タイプのマルゴットに対し、アンネはおしゃべりに加え、直情的ともいえる〝はみ出しっ子〟だったが、不思議なことに二年余の隠れ家生活の中で、マルゴットの日記はもちろんのこと、文章らしいものはなにも見当たらない。しとやかな彼女は、きっと、母親のよき協力者になっていたのだろう。

しかし、アンネが誕生した一九二九年は、もうその年の秋に、ヨーロッパのみならず世界全体に暗い明日を予感させる事件が、不気味な地鳴りのように起きている。

十月、ニューヨークの株式《かぶしき》取引所で、株の大暴落が始まり、これが世界経済恐慌《けいざいきょうこう》となって、不況《ふきょう》の波が津波《つなみ》のように各国を襲《おそ》った。アメリカ資本に依拠《いきょ》し、輸出をたよっていたドイツ経済《けいざい》は、輸出が停止することによって大混乱に陥《おちい》った。

すさまじいインフレによって、ありとあらゆる品物はみるみる価格が吊《つ》り上《あ》がり、大量の失業者が巷《ちまた》にあふれた。この経済的な窮乏《きゅうぼう》が、人びとの社会不安の引き金をひくのに、たいした時間はかからなかった。

この時期、急速に勢力を拡大《かくだい》したのが、ヒトラーのナチス党《とう》だった。

ナチスは正式には「国家社会主義ドイツ労働者党」といい、反資本主義、反ユダヤ主義、反共産主義の「三反」主義を主張して、職に悩《なや》み飢《う》える人びとを眩惑《げんわく》し、一九二八年の国会選挙で十二議席だったものが、五年間に二百三十議席にまで飛躍《ひやく》し、第一党にのしあがった。しかし、アンネが生まれたばかりの頃《ころ》は、不穏《ふおん》な動きはあるものの、まだまだドイツには自由が保たれていた。

アンネ誕生の翌年《よくねん》、フランク家は、同じフランクフルト市内のガングホッファー街二四番地に転居した。前よりりっぱな家が、アンネたち姉妹に用意されたというわけである。三〇年から、三二年にかけて、アンネのかわいらしい成長ぶりを物語るスナップを、私たちは豊富に見ることができる。それも、あらたまった記念写真でなくて、自然な姿《すがた》をとらえた写真がよくもこんなにあるものと驚《おどろ》く。この時代に、これだけ多量の写真を撮《と》れたこと自体が、フランク家の生活水準を物語るだろう。世はあげて不景気のどん底にあったが、オットー氏の実業家としての手腕《しゅわん》は、なみなみならぬものがあったと考えられる。

幼児期《ようじき》のアンネは、いたずらは並《なみ》はずれていたが、しかし、病気がちの日が多かったという。遊びたい盛《さか》りに床《とこ》にあったアンネは、幼《おさな》いなりに彼女の理想を思い描《えが》いていたのにちがいない。

一九三三年夏、フランク家が、ついにフランクフルトを去る日がやってきた。アンネは、母、姉とともに母方の実家のある田舎町《いなかまち》アーヘン（ドイツ国内）に身を寄せ、オットー氏は、新しい仕事を探してアムステルダムへと向かった。

ユダヤ人の迫害が、組織的に開始されたからである。

すでに同年の一月末、ヒトラーは首相《しゅしょう》の座《ざ》につき、ナチスの時代が始まった。これより、専制《せんせい》暴力政治は、突発的《とっぱつてき》なスタートを切った。二月、ドイツ国会議事堂が放火され、ナチスは、その責任を共産党《きょうさんとう》になすりつけた。事件の翌日《よくじつ》、ヒトラーはただちに大統領令を出し、言《げん》論《ろん》・出版・集会・結社の自由は制約され、捜査《そうさ》・没収《ぼっしゅう》・個人財産権《ざいさんけん》の制限などについても、政府は強力な権限を持つことになった。治安維持《ちあんいじ》のためには、厳罰《げんばつ》主義がとられた。なにもか

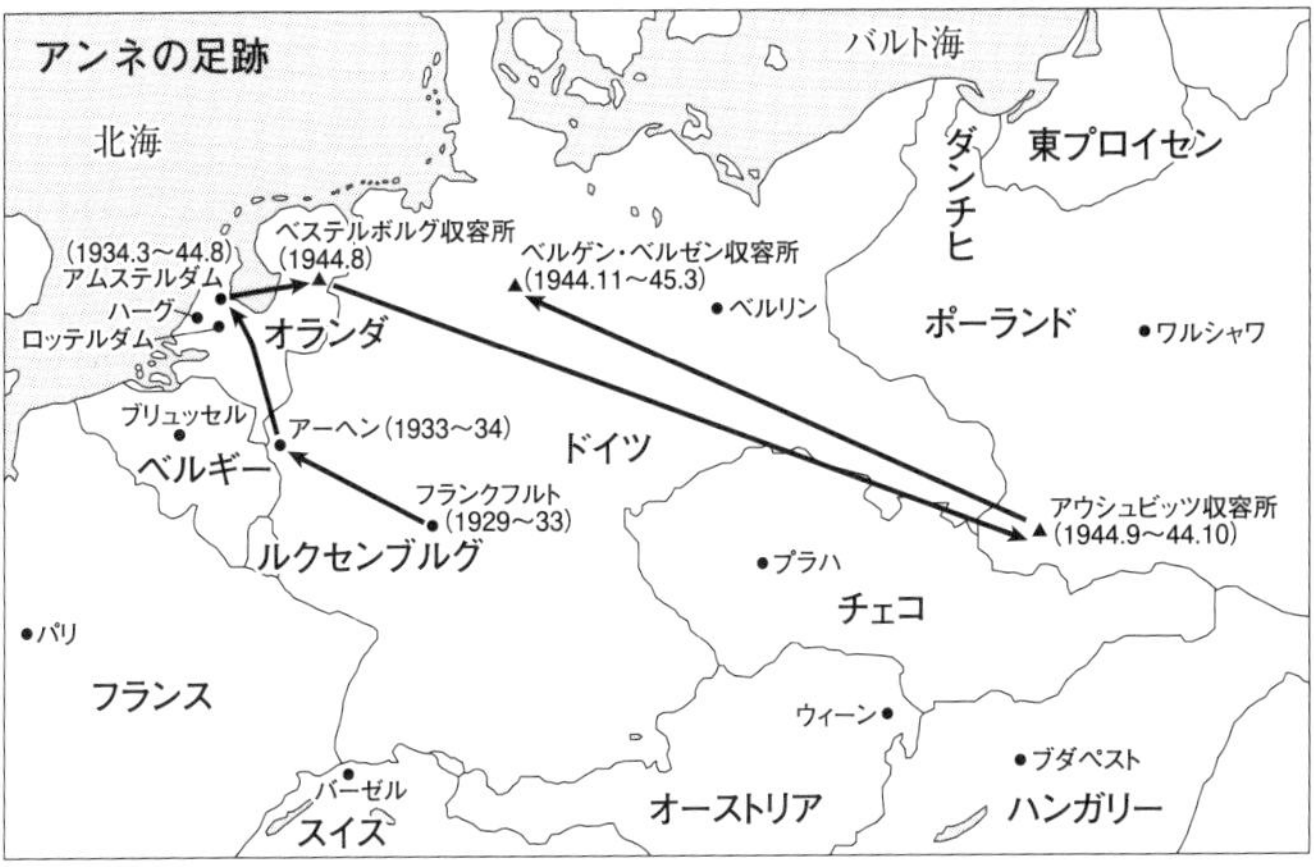

も、ヒトラーの仕組んだ独裁《どくさい》政治のための、謀略《ぼうりゃく》だったのである。

経済的な窮乏化《きゅうぼうか》と社会不安の原因が、すべて「劣等《れっとう》民族」とレッテルのはられたユダヤ人、ならびに「アカ」の共産主義者になすりつけられた。

ナチスの綱領《こうりょう》には、早くからユダヤ人はドイツ民族ではないと明記され、ドイツ人の純粋《じゅんすい》な血の持主だけがドイツ国家の市民になるとみなされていた。したがって、ユダヤ人、ロマ民族（ジプシー）、それにナチス体制の反対分子は除外《じょがい》して、ゲルマン民族だけによる第三帝国《ていこく》を、ドイツからヨーロッパへ、さらに世界へ進出させようというわけである。こうして、最悪の人種差別ともいうべき、ユダヤ人の迫害が始まった。

その第一次行動は、ヒトラー政権《せいけん》の登場した約二ヵ月後、ユダヤ人商店やら営業所のボイコットになって現われ、日を追ってエスカレートすることになる。

オットー氏が、単身、新しい仕事を求めてたどりついたオランダは、もともと自由を誇りとし、寛容《かんよう》で慈悲《じひ》に富む国だった。

オットー氏は、ここでもたちまち実業家としての才能を発揮した。無数の運河とニレの並木《なみき》道《みち》に囲まれたアムステルダムの町で、親しい知人の協力により、ハムやソーセージなどに必要な香辛料《こうしんりょう》輸入会社を設立し、プリンセン堀《ぼり》二六三番地（のちの隠れ家）に、倉庫つき事務所を持つに至《いた》った。

と同時に、市の南部にあたるメルウェデ広場に近代的な明るいアパートを見つけて、まもなく家族全員を呼《よ》び寄《よ》せた。またまた一家そろっての団らんの生活が始まり、アンネとマルゴットのしあわせな日々が約束されたのである。十年に満たない歳月《さいげつ》でしかなかったが。……

一家がアムステルダムに移住した年一九三三年に、アンネは四歳になったばかりだったが、翌年《よくねん》春には、個性と自由主義を教育方針《ほうしん》にしたモンテッソリ幼稚園《ようちえん》の門をくぐった。次の年、同小学校に入学する。といっても、校舎は変わらない。モンテッソリ・スクールは、同じビルの中に、幼稚園も小学校も同居していたからである。

アムステルダム市内、ニールス通りにあるモンテッソリ・スクールは、いまはアンネ・フランク・スクールと名づけられている。校舎の壁面《へきめん》はまるで虹《にじ》がかかったかのように何色ものペンキで色分けされ、そこにアンネの筆跡《ひっせき》が、壁《かべ》いっぱいにオレンジ色に書きこまれている。虹

アンネが通っていたモンテッソリ小学校。現在はアンネ・フランク・スクールの名称になっている。壁面にはアンネの筆跡が拡大して描かれている

のなかに、アンネの願いと夢が脈うっているかのようだ。こんな楽しい学校があるのか、と私は感嘆《かんたん》した。

モンテッソリ・スクールで、アンネが無事に六年生まで進級するうち、ナチス・ドイツの狂気《きょうき》と錯乱《さくらん》はとどまることを知らず、途方《とほう》もない力で、破壊《はかい》と殺戮《さつりく》のキャタピラを進めていった。一九三九年、ヒトラーは全ヨーロッパのユダヤ人絶滅《ぜつめつ》を公然と予言し、通《とお》り魔《ま》のように凶器《きょうき》を振《ふ》りかざして、プラハ、チェコに進撃《しんげき》、九月にはポーランドに襲《おそ》いかかった。ポーランドに同情したイギリス、フランスは、ただちに侵略者《しんりゃくしゃ》ドイツに対し宣戦《せんせん》布告、ここに第二次世界大戦の悲劇《ひげき》の幕《まく》が切って落とされたのである。

時にアンネは五年生、十歳だった。

それから八ヵ月後の翌四〇年五月、次に西部戦線

に銃口《じゅうこう》を向けたドイツ軍は、同月十日未明、オランダ国境を越《こ》えて奇襲《きしゅう》攻撃《こうげき》を開始、ウィルヘルミナ女王と王室、内閣閣僚《ないかくかくりょう》はロンドンに亡命《ぼうめい》し、わずか四日間でオランダは、狂暴《きょうぼう》な破《は》壊者《かいしゃ》の前にひざを屈《くつ》した。以後、四五年五月四日の連合軍による解放まで、五年間にわたるドイツ軍の圧政が続く。……

占領《せんりょう》五十三日目にして、オランダ国内における反ユダヤ法が布《し》かれ、じわじわと黒雲が押《お》し寄せるようにユダヤ人の暮《く》らしと生活に危機《きき》が迫《せま》ってくる。

しかし、祖国の自由を軍靴《ぐんか》で踏《ふ》みにじったナチス・ドイツ軍に対し、オランダ市民は決して心を開くことをしなかった。アンネたち、なんの罪もないユダヤ人の子どもを守るために援助《えんじょ》の手を差しのべ、また自分たちの権利《けんり》をも守って立ち上がった。工場機械や物資、農業生産物の収奪《しゅうだつ》、大学閉鎖《へいさ》などに抗《こう》して、ストライキ、地下抵抗《ていこう》運動でたたかったのだった。それが、さらにドイツ軍の報復をまねく結果になったが、占領《せんりょう》後《ご》二年にわたってアンネたち一同が無事だったのは、声なき声の厚い防波堤《ぼうはてい》によるものだったといえよう。

オランダの各種学校の入学式は、日本とちがって、秋風の吹《ふ》き始める九月からである。

一九四一年、日本が米英そしてオランダを主に宣戦布告し、ヨーロッパの戦争が文字通り太平洋につながって世界戦争となった年のその秋、アンネはモンテッソリ小学校を卒業し、ユダヤ人中学校に入学した。すでにユダヤ人の子は、ユダヤ人だけの学校に隔離《かくり》する行政命令が出ていた。

この頃《ころ》、ナチス・ドイツが全ヨーロッパに網《あみ》の目のように張りめぐらした強制収容所《しゅうようじょ》の一つ、ポーランド国境のアウシュビッツ絶滅センター（強制収容所）で、ガス室初実験が行われた。ソ連軍捕虜《ほりょ》六百人ほか不治の病人二百五十人とが、チクロンB猛毒《もうどく》ガスによって殺害されている。全ヨーロッパのユダヤ人問題の「最終的解決」はガス室プラス焼却炉《しょうきゃくろ》により、人間を煙《けむり》に変えることにほかならなかったのだ。

もう、この段階《だんかい》まできては、ユダヤ人の迫害に抗してストライキまでしたアムステルダム市民も、わが身を守ることだけで生きねばならなかった。それ以上の勇気は、ユダヤ人と同罪の、わが身の破壊につながったからである。

「ユダヤ人弾圧《だんあつ》の布告が次から次へと出されました。ユダヤ人は黄色い星印をつけなければなりません。ユダヤ人は自転車を供出《きょうしゅつ》しなければなりません。ユダヤ人は電車にも自動車にも乗れません。ユダヤ人は午後三時から四時までの間しか買物ができません。しかも〝ユダヤ人の店〟と書いてあるところだけです。ユダヤ人は夜八時以後は家の中にいなければなりません。この時間をすぎると、自分の庭に出てもいけないのです。ユダヤ人は劇場《げきじょう》、映画館《えいがかん》、その他の娯楽場《ごらくじょう》へ行くことができません。ユダヤ人は一般《いっぱん》のスポーツ競技にも参加できません。プール、テニスコート、ホッケー競技場、その他一切《いっさい》の競技場にはいれません。ユダヤ人はキリスト教徒を訪問《ほうもん》できません。ユダヤ人はユダヤ人学校に通わなければなりません。このほか、同じような数かぎりない制限があります」

一九四二年六月二十日の日記に、アンネはそう書いている。

オットー氏も、迫《せま》りくる逆風に悩み苦慮《くりよ》したことだろう。すでにドイツ軍の管轄《かんかつ》する国家行政庁《ぎょうせいちょう》の命令により、ユダヤ人が所有もしくは経営にかかわりを持つ企業《きぎょう》は、行政管理下におかれ、勝手に売却《ばいきゃく》される布告が出ていた。

遅《おそ》かれ早かれ所有権《しょゆうけん》を没収《ぼっしゅう》される事態を予測した氏は、自分の経営する二つの企業を、かねてからの協力者であり、信頼《しんらい》できる友人、コープハイス氏とクラーレル氏に引きつぎ、一家もろとも身の振《ふ》り方《かた》を決意しなければならなかった。

しかし、もはや、どこにも逃《に》げ道はない。夜になれば、路上にゲシュタポの車の音が絶えまなしに響《ひび》く。

どこかの家の呼鈴が鳴ると同時に、激しくドアが乱打されて、朝になればもぬけのから。そういう無人の家が、あちこちに目立ち始めた。かれらは、夜と霧《きり》の底深い闇《やみ》のなかに呑《の》みこまれていったのである。

3 隠《かく》れ家《が》生活七六一日間

一九四二年七月六日は、どしゃ降《ぶ》りの雨だった。

しかし、この悪天候は、もしかすると天上の神の、アンネ一家へのささやかなはなむけだったかもしれない。雨は、ゲシュタポや周囲の目をしりぞけてくれる。

朝七時過ぎ、まず姉のマルゴットが、通学鞄《かばん》に日用品をぎっしり詰《つ》めて、学校へいつものように行くように、さりげなく出発。次いでアンネの番だが、実はアンネもマルゴットも、「まるで北極へでも行くように」ぎっしりと着込《きこ》んでいたのだった。

「わたしは下着を二つ着て、パンティーを三つはいた上にドレスを着て、その上にスカートをはき、ジャケットと夏のコートを着て、二足の靴下《くつした》の上に編上靴《あみあげぐつ》をはき、毛糸の帽子《ぼうし》をかぶり、スカーフを首に巻き……」(42・7・8)

といった具合である。

トランクや、スーツケースにいろいろ入れていけばよさそうなものだが、ユダヤ人の場合、人目につく姿《すがた》は危険《きけん》そのもので、極力さけなければならなかった。

七時半、一家は家のドアを閉《し》め、室内には小猫《こねこ》のモールチェが、一ポンドの肉とともに残された。アンネは、モールチェにそっと別れを告げる。まさか、これが小猫とわが家との、永遠の決別になろうとはつゆ知らず。……

メルウェデ・プライン三七番地の、アンネ一家の住居の前に私は立った。四階に屋根裏《やねうら》つきの近代的なアパートである。オランダ風のしゃれたテラスがついていて、とても戦後四十年からを経過した建物とは思えない。歩道の左右から三段《だん》ばかり上がるところに古風な手すりつきの踊《おど》り場《ば》があって、そこから階段《かいだん》がアパートの二階へと伸《の》びている。

アンネ一家が住んでいたのは、37の標示のある二階だが、テラスに真紅《しんく》のバラの花が息づいていた。もちろんいまは、どなたかの住居になっている。小猫のモールチェも、とっくにアンネたちのところへ行ってしまったはずである。

メルウェデ広場のこの家から、オットー氏の事務所兼《けん》倉庫だったプリンセン堀の隠れ家まで、ざっと四キロ。あたりの様子をうかがいつつ、建物の陰から陰へと、雨に濡《ぬ》れながら小走りに行く十三歳《さい》のアンネと、その両親たちの着ぶくれした姿や、張りつめた横顔が目に浮かぶようである。いくら緯度《いど》の高いオランダとはいえ、真夏のまっさかりに、身体じゅう汗《あせ》みどろになったことだろう。

アンネ一家が隠れ家入りを決断した日は、実は予定より十日ほど早かった。それは、前日の七月五日に、ベステルボルグ収容所《しゅうようじょ》へ出頭せよというマルゴットあての通達が郵送《ゆうそう》されてきて、もはや一刻《いっこく》の猶予《ゆうよ》もなくなったのだった。出頭命令にさからってぐずぐずしていれば、今日明日のうちにも、ゲシュタポがドアをたたいて踏《ふ》みこんでくることが考えられる。

どしゃ降りの雨の七月六日に隠れ家生活に入った人びとは、最初はアンネ一家の四人だけだった。一週間遅《おく》れて、この人数は七人になる。オットー氏の商社に密接《みっせつ》な関係のあったファン・ダーン氏が、その夫人、一人息子《むすこ》のペーターとともに、運命を共にすることになったからである。さらにまた四カ月ほど過ぎて、歯科医のデュッセル氏が入居することになり、隠れ家の住人は倍増して八人になる。

それと、猫一匹《ぴき》。ペーターが愛用の自転車とともに抱《かか》えこんだオス猫のモッシである。隠れ家生活は、アンネたちが入居した日より約二年一カ月＝七六一日も続くことになる。

隠れ家を守り支えた人たちは、かつてオットー氏の事業に協力したコープハイス氏、クラーレル氏の二人の男性で、オットー氏から引きついだ商社の維持《いじ》のために隠れ家ビル二階の事務所に日勤《にっきん》していたが、ほかにミープ、エリーの二人の女性事務員。また別に職業を持っていたが、ミープの夫ヘンク氏も加えなければならない。

この人たちの勇気ある行動については後の章にゆずるとして、隠れ家生活に入ったアンネは、そのせつない思いを、ひそやかに日記帳に書きつらね始めた。

赤いチェックの模様《もよう》のついたかわいらしい日記帳は、隠れ家に入る二十日ほど前、十三歳の誕生日《たんじょうび》に、アンネが父から贈《おく》られたものだった。その日記は、私たちがよくやるありふれた書きかたとちがって、最初の一週間ばかりを除《のぞ》き、その日その日の書き出しが、

「キティ様」

と、手紙のように、呼《よ》びかけるところから始まる。

「わたしは長い間待っていたお友だちを、自分の心の中で理想的な人として描いておきたいので、ひとのように、あまりあけすけなことを日記に書きたくありませんが、この日記帳を心の友にしようと思います。そして、このお友だちをキティと呼びます」

一九四二年六月二十日のくだりに、アンネはそう書きとめているから、仮空の友キティは、彼女《かのじょ》の心の友と見てよいだろう。その友に向かって、だれにも打ちあけることのできない思いのたけを、ありのまま告白することになる。

将来《しょうらい》、ジャーナリストになるのが夢だったアンネは、いつの日か自分の書いたものが日の目を見ることもあるかも知れぬと考えていた。戦後何年かしてから、自分たちが隠れ家でどの

ような生活をしていたか、そして隠れ家でのロマンスもふくめて出版されたら、どんなに愉快《ゆかい》かと少々得意気に書き、ひそかに『隠れ家』という題名まで連想したりする。

アンネは、日記のほかにも、数多くのメルヘンを綴《つづ》り、詩・エッセイも残した。一通り目を通すだけでも大変な量で、わずか十五歳までの恐怖《きょうふ》と孤独《こどく》の二年間で、どうしてこんなにたっぷりと内容豊かに書けたものか、と驚《おどろ》くばかりである。

アンネにとっては、自分の生活を見つめて書くということが、唯一《ゆいいつ》の心の支えであったかもしれない。

もし、このよりどころが彼女になかったとしたら、二十五ヵ月間に及《およ》ぶ異常《いじょう》な隠れ家生活は、ただ極限状態に耐《た》えるという意味だけしかなくなる。つぎつぎと襲《おそ》ってくるさまざまな危機《きき》の前に、遊びたいさかりの少女は恐《おそ》れおののき、あるいは萎縮《いしゅく》し、ふさぎこみ、この生活にあってはならぬ心身の病気になったかもしれない。いつも人に逆らうことなく柔順《じゅうじゅん》そのもののマルゴットでさえ、口数も不足して、意気消沈《いきしょうちん》している時が何度かあったというのだから。

耐えるだけなら、普通《ふつう》の生活とはちがうみじめさが、その人をとりこにするだろう。

ところが、アンネは、この異常な生活を一つの冒険《ぼうけん》と考えていた。冒険は、みずから積極的にいどんでいくものである。

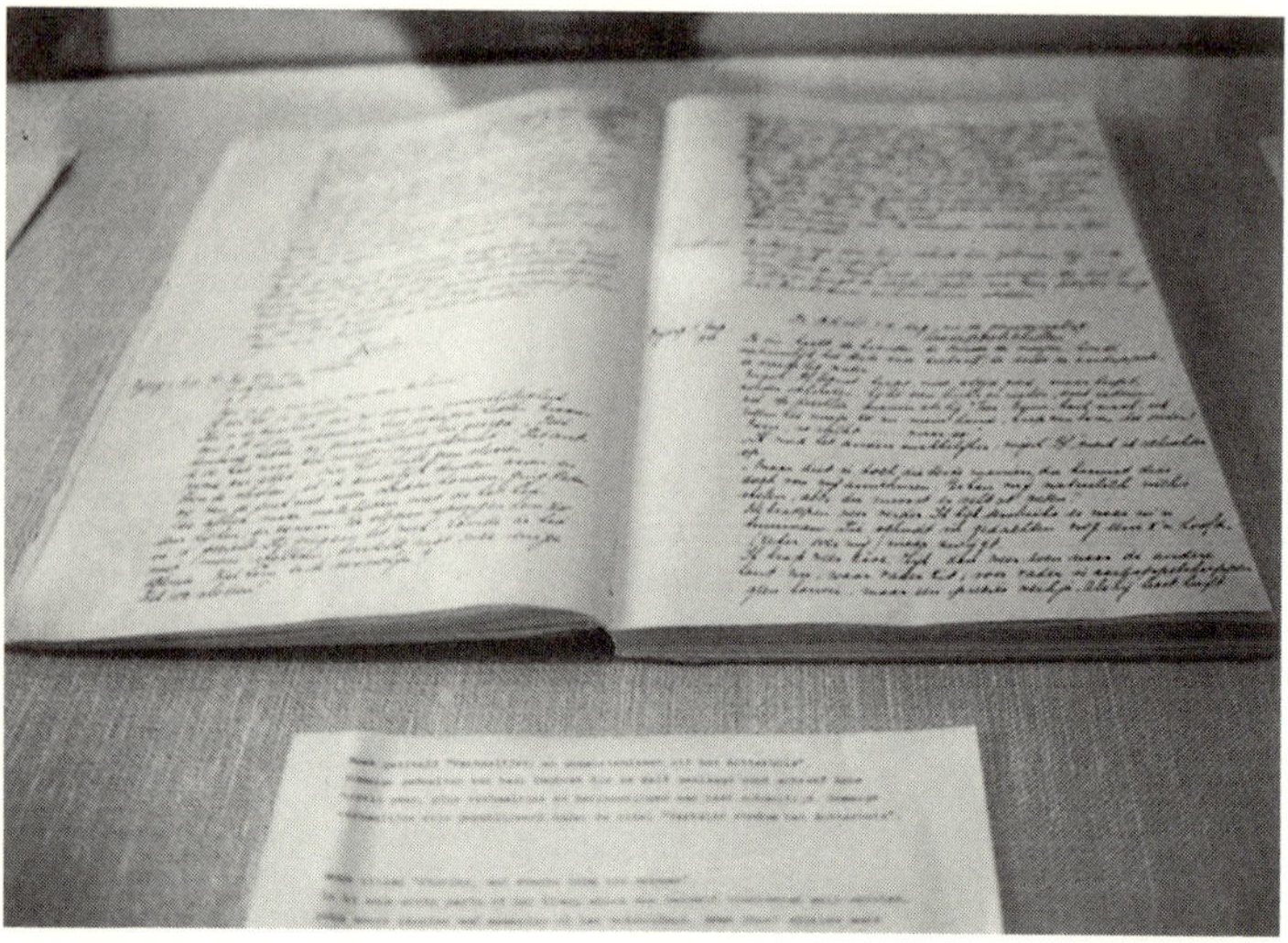

アンネの日記の一部

未知の世界に横たわる危機を恐れて尻込《しりご》みする者には、新たな発見と創造《そうぞう》は得られない。

アンネは、だれよりもしなやかな強靭《きょうじん》さを持つ少女だった。一つの問題にぶつかるたびごとに、ふさぎこむことなくペンを手にし、ノートを前にして書いた。書きながら、その問題に対するところの考え方を深めたのだろう。書きながら考え、考えながらまた書くというひたすらな日々の積みかさねと、隠れ家に共に生きる人、その隠れ家を守る人との奥深《おくぶ》い心の触《ふ》れ合《あ》いから、普通ではおよそ考えられない精神的成長がもたらされたのではないのだろうか。

しかし、すべての目を遮断《しゃだん》しての隠れ家住まいは、冒険とはいえ、死の恐怖と隣《となり》合《あ》わせの危機の連続だった。

そのすべてをここに紹介《しょうかい》しているゆとりはな

いが、事務所に働く人たちが帰宅《きたく》した後など、道路に面した三階の窓《まど》から、厚手のカーテン越《ご》しに、ちらとでも運河沿《ぞ》いの並木道を見ればわかる。

「外の様子は言葉では言い表わせません。夜となく昼となく、かわいそうなユダヤ人が、リュックサック一つにわずかばかりのお金を持っただけで、ひき立てられていきます。途《と》中《ちゅう》で、こうした持物さえ奪《うば》われます。男、女、子供《こども》は別々にされ、家族は生木を裂《さ》くように別れ別れにされて……」(43・1・13)

その時、アンネはおそらく、はっと火のような息を飲みこんで、カーテンの隙間《すきま》から目をそらしたことだろう。

アンネだって、ほかならぬその「かわいそうな」ユダヤ人のひとり。壁《かべ》一つへだてて、いまのところは家族一同、知人とともに無事でいるが、生木をひき裂くような別離《べつり》が、次の瞬間《しゅんかん》にもやってくる可能性がある。ないという保障《ほしょう》はない。その危機を一日でも先に持《も》ち越《こ》すためには、細心の注意が必要なのだった。

まず、生活音。日中は、隠れ家の一階倉庫に出入りする者のために、時計の針《はり》が八時半になったとたんから、ひとたらしの水を出すのもひかえねばならなかったし、もちろんトイレに入ることもできなかった。みしみしときしむ床《ゆか》の足音でさえも、警戒《けいかい》しなければならない。したがって、一同は四階のファン・ダーン一家の寝室《しんしつ》兼居間にこもって、ただ黙《だま》って坐《すわ》っているだけだった。時計の針が、夕方の五時になるまでは。……

それも、一同がみな申し合わせたように健康ならよかった。

風邪《かぜ》を引いても、咳《せき》をする自由はない。

小学二、三年生頃《ごろ》、病気がちでよく学校を休んだアンネは、気が張っていたせいか、隠れ家生活では思ったより丈夫《じょうぶ》だった。しかし一度だけ、風邪を引いたことがある。毛布のなかにくるまってけんめいに咳をこらえ、むずがゆい喉《のど》を、とっておきの蜂蜜《はちみつ》でうるおす以外になかった。オットー氏もまた発熱し、身体中に赤い発疹《はっしん》が出て、もしかしてハシカかとアンネが心配した日もあったが、たとえ、どのような急病になろうとも、ここでは咳はおろか、くしゃみ一つできず、医者が来てくれようはずはない。医者を呼ぶことができないのだから。

だれか、急性の盲腸《もうちょう》にでもなったら……、と考えただけでも、ぞっとする。

隠れ家は、建物の階下ならびに周囲から、人の気配をちらっとでも感づかれたら最後だった。だから窓はあっても、四季を通じて閉め切ったまま。密封状態の狭い室内は、夏の炎天下にどれほどの熱気になったことだろうか。

クーラー、冷蔵庫《れいぞうこ》の類《たぐい》はないのだから、せっかくのバターもたちまち溶《と》けだし、貴重《きちょう》なパンも乾《かわ》いてカビが生え、牛乳《ぎゅうにゅう》はすぐねばねばになる。窒息《ちっそく》しそうになって腐《くさ》った牛乳を捨《す》てる自由はあっただろうが、かわりの品は、そうかんたんにやってくるはずがないのだ。

二年余の間には、停電の夜もあれば、トイレが使用できぬ日もあった。

停電の夜は、窓に板を打ちつけた室内でローソクをともせばよかったが、下水がつまったのでは、トイレの水は流せない。市の衛生局から修理人夫がくるまでは、トイレの汚物は、一時的に容器に入れることになる。階下の倉庫の人たちが帰宅した後に、下のトイレにまで、たまった汚物を捨てにいく。

また、隠れ家つきのノッポビルを、夜間は無人だろうとねらいをつけて、何度か泥棒《どろぼう》が侵入《しんにゅう》したこともある。事務室や屋根裏に貯蔵《ちょぞう》してある食糧《しょくりょう》を盗《ぬす》まれるたび、アンネたちは、息もつけぬ時を過ごした。どんな貴重品を盗まれても、一声も出せないし、警察《けいさつ》に届《とど》けるわけにもいかない。隠れ家が、警察官にばれてしまう。泥棒よりも、そっちのほうが恐ろしいのだ。

そして、泥棒が無人のはずのノッポビルに人の気配を感じて、ゲシュタポへの密告者《みっこくしゃ》になる場合も考えなければならなかった。味をしめた泥棒が、ふたたび踏みこんできても、手出しは出来ず、照明を消した暗闇《くらやみ》にじっと息をひそめている以外にない。泥棒の後に、ピーポ、ピーポ……の、あの音がやってきたとしたら、どうするか。

ともかく、一冬は無事に越《こ》えた。

一九四三年の春が過ぎて、外部から完全に隔離《かくり》された異常な生活が十カ月を過ぎる頃、隠れ家はまたまた次の危機に直面しなければならなかった。

今度は連日連夜にわたって、空襲警報《くうしゅうけいほう》のサイレンが鳴り始めたのだ。占領下《せんりょうか》のドイツ軍基地の爆撃《ばくげき》に、イギリス軍機が来襲《らいしゅう》する。連合軍の機影《きえい》を厚手のカーテンの隙間越しに見るのは、隠れ家の人びとにとって、まことに複雑な気持ちだったろう。爆撃はドイツ軍の戦力消耗《しょうもう》につながるのはたしかだが、オランダの町は破壊《はかい》されるし、いつ、とばっちりを受けないともかぎらない。

高射砲《こうしゃほう》がドカドカと鳴り、ドイツ側の迎撃機《げいげきき》も舞《ま》い上《あ》がる。高射砲が鳴るたびに、一本足で立ったような古いノッポビルは激《はげ》しく列車のように震動《しんどう》し、あちこちに投下される爆弾《ばくだん》の響《ひび》きに、アンネたちはふるえ上がった。

こんな時、室内にまごまごしている市民は、だれもいない。みな、警報のサイレンと同時に地下室か、地下の防空壕《ぼうくうごう》に駆《か》けこんだはずである。

一九四三年五月一日、メーデーの日の日記では、アンネは、昨夜の空襲のあまりのすさまじさに、〝避難《ひなん》用鞄〟に自分の大切なものを詰めて、さあとばかりに四回も手にしたと書いている。

「一体、どこへ逃《に》げるつもり？」

と、母に問いかけられて、へなへなと腰《こし》を落とした。

どのような事態になろうとも、隠れ家の人びとには、逃げる場所はないのだった。一歩でも外に出れば、空襲と同じ危険が待ち受けている。アンネもそれを知らないではなかったが、なにかにすがっていたい気持ちが、〝避難用鞄〟を抱《だ》きしめる結果になったのではないかと思う。

なにがこわいといって、たとえ類焼《るいしょう》といえども、火災は最悪の事態だった。空襲、失火の区別なく、隠れ家がなくなってしまえば、殻《から》を失ったヤドカリと同じではないか。

まだある。ドイツ軍の洪水《こうずい》作戦である。イギリス軍がもし上陸を決行するような場合、ドイツ軍は必要に応じて、すべての水門を開き、オランダを水没《すいぼつ》させる用意がある、という警告《けいこく》だった。全人口の約六割《わり》が、水位以下に住んでいるオランダ国民にとって、至《いた》るところにある水門こそ生命線である。

隠れ家は倉庫ビルの三〜四階部分だから、まさかそこまで浸水《しんすい》することはあるまいが、三百年からを経過した老朽《ろうきゅう》家屋は、浸水一メートルでも土台が崩《くず》れてしまうことだろう。どうしたらよいのか。

当初アンネが心ひそかに考えたスリルある冒険も、つぎつぎと目の前にやってくる難問《なんもん》をひかえ、しかも食事といえば、パンがゆとか、茶碗《ちゃわん》一杯《いっぱい》きりのおかゆに、まるで浸水し始めたノッポビルのように揺《ゆ》らぎ始めるのだった。それでも、アンネの澄《す》んだ目は、常に人間的に問題の本質をとらえずにはおかない。一九四四年五月三日の日記に、彼女はいつになくきびしい文体で、「戦争が何の役に立つのだろう？　なぜ人間は仲よく平和に暮らせないのだろう？」と、現代にまでつながる疑問《ぎもん》を投げかけ、次のように書きとめた。

「人間は復興用に組み立て式の家を発明する一方において、どうして飛行機や戦車を大きくしようと努力するのでしょう？　毎日、戦争のために何百万というお金を使いながら、どうして医療《いりょう》施設《しせつ》や、芸術家や、貧しい人のために使うお金が一文もないのでしょうか？

世界には食物があまって、腐らしているところがあるのに、どうして餓死《がし》しなければならない人がいるのでしょうか？」

4　隠《かく》れ家《が》から収容所《しゅうようじょ》へ

アンネがそのとぎすまされた感性で、極限状態にめげぬみずみずしい思春期を綴《つづ》った日記は、一九四四年八月一日をもって、ぷつんと途切《とぎ》れて終了《しゅうりょう》する。それから三日後、何者かの密告《みっこく》によって、隠れ家生活はついにピリオドを打ったからである。

ピストルを手にした制服姿《せいふくすがた》のゲシュタポなど五人の男たちが、ドカドカと回転本棚《ほんだな》の奥《おく》に踏《ふ》みこんできたのは、八月四日の午前十時過ぎのこと。

オットー氏の回想記（『「アンネの日記」展《てん》』）によれば、氏はその時、屋根裏《やねうら》部屋に一つ机《つくえ》をはさんでペーターと向かい合い、学校へ行くことのできないペーターに、いつものように勉強を教えていたという。なぜそこにアンネがいなかったのかはわからない。

突然《とつぜん》、階下に響《ひび》く男たちの荒々《あらあら》しい喊声《かんせい》に、ペーターがぎょっと息を呑《の》み、その眼《め》に恐怖《きょうふ》が走ったのを、オットー氏はよく記憶《きおく》にとどめている。と、たちまち、ピストルを持った男たちが、屋根裏の梯子《はしご》階段《かいだん》を駆《か》け登ってきた。

両手を上げた二人が、ピストルを背《せ》に階下へ降《お》りると、そこに、アンネをふくむ六人からの人たちが、壁《かべ》を背にホールド・アップの姿勢《しせい》で立たされていた。

ゲシュタポは、手回りの品物を早くまとめろ、と命令した。宝石《ほうせき》や、貴金属《ききんぞく》の類《たぐい》は、この時点で没収《ぼっしゅう》されたが、かれらはそれらの手土産《てみやげ》を持っていくのに鞄《かばん》を必要とした。非常用持ち出しの〝避難《ひなん》鞄〟が、一人の男の目についた。なかには、アンネの赤いチェック模様《もよう》の日記帳と、ノートなどが束になって入っていた。子どもの学習ノートとでもにらんだのだろう。その中味はあっさり床《ゆか》にぶちまけられて、かわりに略奪品《りゃくだつひん》が詰《つ》めこまれた。

それから一同は引き立てられて、囚人護送車《しゅうじんごそうしゃ》に乗せられ、国立劇場《げきじょう》近くのゲシュタポ本部へと連行されている。

ここで一同は、十人になっていた。

隠れ家の人びとを援助《えんじょ》しつづけた事務所のコープハイス、クラーレル両氏も、ユダヤ人をかくまったかどによる連帯責任を問われたからである。

しかし、両氏はゲシュタポのきびしい尋問《じんもん》に対して、隠れ家の〝陰謀《いんぼう》〟に関係したのは、自分たちだけだったと強く主張した。事務室には、ミープ、エリーの二人の女性がいるが、まさか彼女《かのじょ》たちにまでこの深刻《しんこく》な責任を負わせるわけにはいかなかった、と。そういわれると、そもそも女性を蔑視《べっし》していたゲシュタポも、うなずかないわけにはいかなかった。こうして、両氏はすべての責任を自分たちでかぶり、二人の女性を守り通した。

コープハイス、クラーレル両氏とも、捕《と》らわれの身となったが、奇蹟《きせき》的に生きて戦後を迎《むか》えることができたのは幸運だった。

では、アンネは、どうなっただろう。


数日後、アンネたち一同は、ゲシュタポ本部の監房《かんぼう》から、列車に乗せられ、オランダ北部ドレンテ州にあるベステルボルグ収容所《しゅうようじょ》へ移された。

列車は、同じ運命をたどる人たちでいっぱいだった。〝ユダヤ人狩《が》り〟で逮捕《たいほ》された人びとが、こんなにもいようとは、アンネも意外だったことだろう。この時点まで、あちこちの隠れ家にひそんでいた人びとは、決してアンネたちだけではなかったのだ。

ベステルボルグ収容所で、オットー氏は、ふたたび家族と再会した。もちろん収容棟《とう》は別で、昼間の強制労働はきつかったが、夕方の六時以後はみな自由に顔を合わせることができたという。

「ちょっと奇妙《きみょう》に聞こえるかも知れないが、新しい捕《と》らわれの生活は、プリンセン堀《ぼり》の隠れ家生活よりは我慢《がまん》しやすかった。天候はよし、アンネとマルゴットは同じ年ごろの子《こ》供《ども》たちといっしょに暮《く》らすことができた。米英軍がパリの先まで進撃《しんげき》したというニュースを聞いて、ここにいるうちに、救出される日がくるだろうという気がしてきた」

と、オットー氏は回想記に述懐《じゅっかい》している。

捕らわれの身となって、ほっとしたという感じがうかがえるが、それは逆にいえば、隠れ家の生活がどんなに息苦しく、たえまのない緊張《きんちょう》と不安、恐怖とにさいなまれつづけた日々であったかを物語っている。アンネもまた、やっと太陽の光の下で、思いきり新鮮《しんせん》な空気を吸《す》い、同年齢の友とも語り合うことができたのだった。

といっても、それは、有刺《ゆうし》鉄線の中での、ほんの束《つか》の間の、かぎられた自由でしかなかったが。……

一カ月もしないうち、収容所のすべてのユダヤ人に、移動命令が下った。行き先は知らされなかったが、国外であることはたしかで、しかもオランダを基点にして東へ向かうという。もよりの駅には、家畜《かちく》用貨車を長々とつらねた機関車が、不気味な黒煙《こくえん》を吐《は》きながら待機していた。

貨車には一両当たり七十人から百人近い人たちが、ラッシュ並《な》みの状態で密閉《みっぺい》された。鉄の引き戸には、外部から錠《じょう》がかけられた。人びとは、ほとんど直立したまま、かがみこむゆとりさえもなく、換気《かんき》用の鉄格子《てつごうし》つき小窓《こまど》が、手の届《とど》かぬ高いところに一カ所あるだけで、トイレもなかった。

アムステルダム市内のユダヤ人犠牲者のモニュメント

やがて、不吉な警笛《けいてき》が。……

アンネたち千人からのユダヤ人を詰《つ》めこみ、さながら生身の缶詰《かんづめ》を数珠《じゅず》つなぎにしたような鉄道貨車が、ベステルボルグに近い小さな駅から出発したのは、短かな夏の日も傾《かたむ》き始めた九月三日のことである。


私たちは、アムステルダム市内の東側にあるユダヤ人犠牲者《ぎせいしゃ》のモニュメントに足を向けた。プランターグ通りといい、いわばオフィス街ともいうべき大通り沿《ぞ》いに、古いゴシック調の建物があって、そのアーチをくぐった小空間が緑の芝生《しばふ》になっていた。

私は、ベレー帽《ぼう》を取った。

現地通訳《つうやく》さんの話だと、ここはかつての国立劇場跡《あと》だという。ドイツ占領軍《せんりょうぐん》は、劇場を暫定的《ざんていてき》な収容所として、ここには特に十五歳《さい》以下のユダヤ人の子どもたちが一時的に収容され、やがて、ポーランドのガス室つき強制収容所へと送りこまれたのだそうだ。

赤レンガの劇場らしい壁面《へきめん》が崩《くず》れかけたままの形で左右に残された中央部に、ニレの巨木《きよぼく》を背にして、かなりの高さの記念碑《きねんひ》が立っている。

紫色《むらさきいろ》の大理石を組んでいった、美しいモニュメントだ。

一九四〇〜一九四五年の、不幸な時代の西暦《せいれき》がしるされ、「ここから、かれらは召《め》された……」の文字が、心に刺《さ》さる。子どもたちだけのというのが、なんとも痛《いた》ましくてやりきれない。かれらは、親、兄姉《あにあね》たちから無理矢理引き裂《さ》かれ、ここをステップにして、二度とふたたび生きてかえることのできぬ世界へ送りこまれていったのだ。

十五歳のアンネが、一時的にせよ、ここに連行されたかどうかはわからない。ただ、劇場に閉じこめられていた大勢の子どもたちと、同じ運命をたどったことだけは確実である。

アンネやマルゴットたちを家畜《かちく》並みに詰めこんだ列車は、夜昼休みなくヨーロッパ大陸を走り続けた。三日間連続六十時間を費やして、たどりついたところは、ポーランドも国境に近いアウシュビッツ。

アウシュビッツ。……

別名を、ナチス最大の死の収容所、ホロコースト（大量虐殺《ぎやくさつ》）の絶滅《ぜつめつ》センターという。

「人類の文明の歴史が開けて以来、初めて火葬場《かそうば》つきの完備した死の収容所が、一つの近代国家の手で作られたのである」

と、きわめて象徴的《しょうちょうてき》にアウシュビッツを表現したのはミルトン・フリードマンだったが、ここではヨーロッパ全体から移送されてきた人びとのほんの一部分を労働力として残したほかは、あらかた毒ガスで殺害した。

旅の疲《つか》れをシャワー室でどうぞ、というあくどい口実のもとに、ガス室へ送りこんだのだった。鉄道貨車による立ちずくめの旅程を、ほとんど垂《た》れ流しの状態できた人びとは、シャワー室への異論《いろん》があろうはずがない。

一回あたり二千人からを詰めこんだコンクリートの密室《みっしつ》に、チクロンBの猛毒《もうどく》ガスが放出された。アウシュビッツでの死者数、およそ四百万人（本書執筆《しっぴつ》時の推定数《すいていすう》、総合あとがき参照）とはけたはずれな数字だが、収容所管理と運営にあたるナチスSS（親衛隊）は、さらに死体を最大限に活用する冒涜《ぼうとく》もやってのけた。死体の頭髪《とうはつ》は切り取られ、口中からはずされた金・銀はインゴットにして本国へ送りこみ、脂肪《しぼう》は固めて石けんを、また灰《はい》は肥料にするための研究・実験に「活用」した。

いまは博物館となった収容所の中に、ピラミッド型に累積《るいせき》した信じがたい物量の髪《かみ》の毛《け》の山を見ることで、だれもが、神もおののくほどの地獄《じごく》と修羅《しゅら》を連想することだろう。

SSは、これらの頭髪を、枕《まくら》やサンダルの詰めもののみならず、もっぱらカーペットに織ったのだった。アウシュビッツの全期間中に、女、子どもたちから切り取られた頭髪の総重量は六十トンに達したといわれる。そのなかに、愛らしいリボンを結んだおさげ髪まであって慄然《りつぜん》としたが、ピラミッドみたいな頭髪の山には、誰《だれ》しも棒立《ぼうだ》ちにならざるを得ない。

処刑室《しょけいしつ》とは夢にも知らず、ガス室に向かって行進していくロマ民族（ジプシー）の少女たちに、はなむけの涙《なみだ》をとめどなく流したアンネは、アウシュビッツには二カ月ほどしかいない。それでこの世の生き地獄を脱出《だつしゅつ》したのではなく、次の地獄へ引きずり回されることになった。ドイツ本国の収容所へ。……

オットー氏の回想記によれば、アウシュビッツ収容所で生き残ったある婦人は、収容所でのアンネについて、次のように語っている。

「フランク家の三人の女のうちで、一番年のいかないアンネが、最も勇敢《ゆうかん》で元気がありました。彼女は何時間もつづいた収容所のつらい行進中も、しっかりした態度を保ち、泣き言などは言いませんでした。彼女は乏《とぼ》しい食物をいつも母親や姉に分けてやり、お腹《なか》がすいている人には、とっておきの小さなパンきれを惜《お》し気《げ》もなくやりました。彼女は勇気と精神力をもって、あらゆる苦難《くなん》を耐《た》えしのびました……」

隠れ家で運命を共にした人びとは、アウシュビッツに到着《とうちゃく》した時点では、みな顔をそろえ

アンネ４歳。母の実家のあるアーヘンで姉マルゴットと

ていたのだが、ここで一同の運命は切りはなされた。ファン・ダーン氏は、ガス室に送られた。アンネの母は、餓死《がし》した。ペーターは、ソ連軍接近とともに、SSに連れ去られて消息不明。デュッセル氏、ファン・ダーン夫人は、他の収容所に移送されて死んだ。かろうじて生き残ったのは、オットー氏一人だけだった。……

十月末。

アンネとマルゴットが、アウシュビッツからまたまた貨車に詰めこまれて荷物並みに投げ出されたところは——ハンブルグ市の南約八十キロ、かっこうの鳴く林の中の小さな村、ベルゼンだった。

平和な時代だったら、秋の深まりゆく紅葉《こうよう》の森は、見渡《みわた》すかぎり燃え立つような自然の景観だったにちがいない。

しかし、村の名にちなんだベルゲン・ベルゼン収容所には、ガス室も焼却炉《しょうきゃくろ》もなかったかわりに、収容所らしい施設《しせつ》はなにもなかった。黒い森に囲まれた荒野《こうや》には、有刺鉄線のバリケードはあるが、バラックもトイレもない。あるのは、サーカス小屋にも似た、いくつかの大テントだけだ。

テントだから、床はなくて、とうてい人間の生活できるような場所ではなかった。

なんで、こんなところに、大勢の女、子どもたちを移し変える必要があったのだろう。

アンネの場合でいえば、エルンスト・シュナーベルの説によるのだが、アウシュビッツでマルゴットがナチ監視兵《かんしへい》に犯《おか》されそうになり、それに抗議《こうぎ》したことでの事件の隠蔽《いんぺい》のために、ということらしい。それもあるかもしれぬが、ポーランド国内の各収容所にソ連軍が急接近してきたことが大きいと思う。敗走をつづけるドイツ軍は、自分たちの悪魔的《あくまてき》な犯罪行為《こうい》の生き証人を連合軍に渡さぬために、証拠《しょうこ》かくしをする必要があったのだ。

したがって、収容所らしいなんの設備も用意もないベルゼン村が、急遽《きゅうきょ》、移送されてくる囚人たちの最後のたまり場になった、と考えられる。当初、最大収容能力一万人を予定していたベルゼン村は、またたくまに六万人にもふくれ上がった。当然ながら、食糧《しょくりょう》や飲料水が極端《きょくたん》に欠乏《けつぼう》する一方で、もともと衰弱《すいじゃく》しきってたどりついた囚人たちの健康は急速にそこなわれ、伝染病《でんせんびょう》がひろがった。おまけに、なにもかもが凍結《とうけつ》する冬の寒波がやってきた。

最悪の事態が、人びとを襲《おそ》った。

囚人たちが、朝、目がさめて、すぐにでもやらねばならぬ作業はといえば、つい昨夜まで生きていたのに、眠《ねむ》りからさめない仲間たちの糞尿《ふんにょう》にまみれた死体処理《しょり》だった。短いロープで、死体の手首をしばり、森の中に大きな穴《あな》を掘《ほ》った〝死の溝《みぞ》〟へと運ぶ。

後に、ベルゲン・ベルゼン収容所を解放したイギリス軍が、軍医総監《そうかん》に提出した報告書(『黄色い星』自由都市社)によれば、

「ここ数カ月に三万人がベルゼンで死んだ。イギリス軍が進攻《しんこう》してきたときには、収容所には炭化した骨《ほね》でいっぱいの大きな墓穴《はかあな》のほかに、なおいくつかの屍体《したい》の山があった。それらのどれもみな腐敗《ふはい》の著《いちじる》しい幾百という裸《はだか》の屍体からなっていた。デムプシイ将軍《しょうぐん》配下の兵たちがブルドーザーを使って、それぞれ五百ないし千体の遺体《いたい》を埋葬《まいそう》できる長い墓穴をいくつも掘った。そのあとかつて見張り役をしていたものたちが男も女も総出で、伝染病で死に、餓死し、窒息《ちっそく》死したり、あるいは射殺《しゃさつ》された者たちの遺体を、それらの穴に運び込《こ》まなければならなかった……」

これより前、戦争最後の年の春の声を心待ちにしながら、アンネとマルゴットは、チフスにかかった。

マルゴットが、チフスで死んだのは、二月の終わり頃《ごろ》、といわれる。

骨と皮ばかりになったアンネは、物いわぬ姉にとりすがって、最後の涙を惜《お》しげなく流した

ことだろう。
涙の壷《つぼ》がからっぽになって、これで、アンネの生きる望みの綱《つな》は切れた。隠れ家で喜びと悲しみと、恐怖を共にした人たちは、もうだあれもいない。たった一人、最後に残ったやさしい姉も、とうとう。……

これで、わたしのかえるべきところは、なくなった。
アンネは、隠れ家で日記にしるした次の一節を思い出し、声にならぬかすれ声で、つぶやいたのではなかったか。

「もし神様がわたしを長生きさせて下さるなら、……わたしは、世界と人類のために働きます……」

骨と皮ばかりになったアンネが、ついにマルゴットの後を追いかけて、息を引きとったのは一九四五年三月のある日。三十一日だという説もあるが、もし、そうだとすれば、それから半月後にベルゲン・ベルゼン収容所は解放され、一カ月ちょっとで、長い狂気《きょうき》の戦争は終了した。

十五歳九カ月の、はかなくも切なく、痛ましいアンネの生涯《しょうがい》だった。

5　隠《かく》れ家《が》を守った人たち

アムステルダムに、アンネの足跡《あしあと》を追いかけようという私たちのプログラムは、その大部分を消化した。

アムステル川の跳《は》ね橋《ばし》に近い並木道《なみきみち》を歩きながら、彼女《かのじょ》なりの理想の途上《とじょう》で、あえなく息を引きとったアンネの心中を思い、私はいつのまにか寡黙《かもく》になっていた。わが子たちも、黙《だま》って歩く。

そのうち、8ミリカメラを手にした中学生の息子《むすこ》が、ふと思い出したように、

「アンネは、最後の収容所《しゅうようじょ》で、小学校時代の親友に会ったんだってね」

「ああ、リースといってね、彼女は生きのびたんだよ」

「そのリースって子が、柵《さく》の向こうにいるアンネに、ビスケットの包みを投げてやったんだってね。ほかの人に、みんな拾われちゃったらしいが……」

「よく覚えてるな。シュナーベルの本に、そんな話があった」

と、私は歩きながらうなずく。

「けど、自分だって生きるか死ぬかって時に、なけなしの食物を人にやるなんてこと、できるのかな。アンネも、アウシュビッツで、そうしたっていうけれど」

「うむ。普通《ふつう》じゃ考えられないが、世界と人類のために働きたいといったアンネなら、ありえたかもしれない。できるかどうかじゃなくて、きっとそうしないではいられなかったんだろうね。そういう人間的な心のある人たちが、隠れ家のアンネらを、二十五カ月間も守りつづけたんだよ」

「そっちも、命がけだったんだろうな」

「もちろん。ドイツ軍の占領下《せんりょうか》、厳重《げんじゅう》な監視《かんし》の目が光っている」

「おとうちゃん。毎日の食べ物、だれが隠れ家に運んでいたの？」

と、横合いから、けげんそうに声をはさんだのは、小学生の娘《むすめ》だ。

なるほど、私たちがこの目で見たアンネたちの隠れ家には、電気もつけば、ストーブもトイレも、台所もあって、洗面所《せんめんじょ》もある。洗濯《せんたく》も、たらいによる入浴も不可能ではなかったが、毎日の食糧《しょくりょう》ならびに日用品は、どうしていたのか？

私は、この疑問《ぎもん》に答えなければならない。実はそのために、事前に連絡《れんらく》をとって、アンネの短い生涯《しょうがい》に切っても切れない親密《しんみつ》な関係のあった人に、わが子ともどもこれから会える約束になっている。

アンネたちの隠れ家を守った人たちは、間接的な援助者《えんじょしゃ》まで加えたら、おそらく相当数になるにちがいないが、直接的な関係でいえば、やはりかねてからオットー氏の事業の協力者だったコープハイス、クラーレルの両氏に、タイピストのエリーさん、ミープさん、さらにミープさんの夫で、当時オランダの福祉局《ふくしきょく》の役所勤務《きんむ》だったヘンク氏……ということになろう。

このうち、コープハイス、クラーレルの両氏は、アンネたちをかくまった重大責任を問われて、同時に逮捕《たいほ》された。その際の、一つのエピソードがある。

コープハイス氏は、取調室の外の長椅子《ながいす》で、たまたまオットー氏と隣《とな》り合《あ》わせた。オットー氏が、これまでの迷惑《めいわく》だけでも並《なみ》たいていのことではなかったのに、とんだ巻《ま》き添《ぞ》えを……と深く頭を下げた時、病気がちのコープハイス氏は弱々しく笑い、しかしきっぱりと答えたという。

「なにを、そんな。ちっとも後悔《こうかい》なんぞしていません。もし機会があったら、またやりますよ」

あんたのおかげで、ひどいことになったといいたいところが人間の本音だろうに、後悔はおろか、もう一度やってもいい、というのである。

コープハイス氏にとっては、こうなる運命も覚悟《かくご》の上だったとはいえ、隠れ家を守った男たちの熱情と心意気とが、そくそくと胸《むね》に迫《せま》るではないか。だからこそ両氏は、ゲシュタポの手から、二人の女性――エリーさんと、ミープさんを守り抜《ぬ》くことができたのにちがいない。

この二人の女性こそ、実は隠れ家のアンネたちへの食糧や日用品の差し入れに当たっていた当事者だった。

エリーさんは、オットー氏がかつて経営していた商社のタイピストとして勤務をつづけていたが、アンネより八歳《さい》ほど年上の、まだ二十歳《はたち》を越《こ》えたばかり。病気がちの父親をかかえ、婚《こん》約者《やくしゃ》がドイツに連れ去られるという悩《なや》みをかかえて、隠れ家の生活に悩むアンネと、よく気持ちがふれ合った。隠れ家への日用品の補《ほ》給《きゅう》にあたったエリーさんを、アンネは精神的にもかなり頼《たよ》りにしていたと思われる。

しかし、もっとも困難《こんなん》な食糧の調達は、主としてミープさんの肩《かた》にかかっていた。そして、彼女の分身として活動し、妻をはげましつづけたのは、結婚《けっこん》したばかりの夫ヘンク氏である。

一九三三年からオットー氏のもとで働くようになったミープさんは、オーストリア生まれ。第一次世界大戦の敗北と混乱《こんらん》の中で、栄養不良児となり、ボランティアの手によって十一歳でオランダに送られてきたという薄幸《はっこう》な生《お》いたちを通じ、アムステルダムで大人になった。この逆境が、何事にも屈《くっ》することのない負けん気と、人の苦痛《くつう》を分かち合う心情につながったのだろう。

　ミープさんが選んだ男性、ヘンク氏は、小柄《こがら》な彼女と首一つ分もちがうほどの長身、温顔な役所づとめの青年だったが、実の名は、ヤン・ギースという。「ヘンク」と、アンネが日記のなかでそう呼《よ》んでいるのは、彼が反ナチ・反戦地下組織のメンバーだったことを暗に知っていたからだろう。彼の属する組織は、隠れ家の人たちをできるかぎり援助《えんじょ》し、あるいは安全な場所への逃亡《とうぼう》に協力することだった。しかし、アンネたちが隠れ家にひそむ頃《ころ》には、もう逃《に》げ道などどこにもありはしなかったのだ。

　ミープ夫妻が、アンネたち隠れ家の人たちを、物心両面から献身的《けんしんてき》に支えた理由が、これでうなずける。心情は理解できるが、それを実践《じっせん》するのは、どれほど深刻《しんこく》な勇気と困難をともなったことだろうか。

　戦時中の極端《きょくたん》な食糧不足を、ここで説明しているゆとりはないが、ドイツ軍の占領下、厳重な配給制度のもとで、自分の口に入れるものさえ容易でないのに、非合法で八人分からの食糧調達は、想像を超えるものがある。

エリー　トラフィース商会のタイピストとして勤務

コープハイス　オットー氏の商売上の友人

ミープ　トラフィース商会勤務。ヘンク氏と結婚し、物心両面にわたって助ける

クラーレル　回転本棚を考えアンネたちを守る

しかも、二日や三日のことではないのだ。

来る日も、来る日も、雨が降《ふ》っても、風が吹《ふ》いても。……

彼女が、もしこの任務を何日か怠《おこた》れば、隠れ家の人びとが餓死することもないとはいえない。どんな空腹《くうふく》にあっても、八人からの人びとは、一歩たりとも外に出られなかったのだから。

アンネは、この隠れ家の命綱《いのちづな》ともいうべき人たちのことを、決して忘《わす》れなかった。

「ミープはまるで荷物運びのロバのようで、いろいろなものを持って来てくれます。ほとんど毎日のように、野菜を見つけたり、何かしら手に入れて、それを買物かごに詰《つ》め、自転車につけて……」（43・7・11）

「彼女は途中《とちゅう》でSS（ナチス親衛隊）の自動車にぶつけられそうになり、腹《はら》だちまぎれに〝このばか野郎《やろう》〟とどなってしまいました。もしSSの本部へ連れて行かれたら、どんなことになったか……」（43・8・10）

「たいへんなことが起こりました。エリー家の者が、みんなジフテリアにかかって、エリーは六週間もわたしたちのところへ来られません。寂《さび》しいのはもちろんのこと、食物や買物のことでとても不自由します」（43・11・17）

「ミープが〝平和の一九四四年〟と書いたきれいなクリスマス・ケーキを作り、エリーは戦前のような上等なおいしいビスケットを一ポンド持って来ました」（43・12・27）

「このご恩を、決して忘れてはなりません」(44・1・28)

「ヘンクは、一時にここへ来ることになっています。――ちょうど動物園の飼育係のようなものです。今日の午後、彼は久しぶりに世間の話をしてくれました。わたしたち八人が彼のまわりを取り巻《ま》いている様子を想像して下さい。……彼はのべつ幕《まく》なしに、熱心に耳を傾《かたむ》ける八人に、食糧のことはもちろん、わたしたちの尋《たず》ねるあらゆることについて早口に語りました」(44・3・15)

「今朝、わたしたちに野菜を売ってくれる八百屋さんが、ユダヤ人を二人家にかくまっていたというので逮捕されました。このかわいそうなユダヤ人はどうなるかわかりません。八百屋さんも気の毒です。……朝食をぬきにして、昼食にはおかゆとパンだけ。……しかしそれでも、見つけられてつかまるよりはましです」(44・5・25)

多量の野菜を分けてくれる八百屋さんも、実はほかならぬアンネたちの協力者であり、支持者だったのだ。

狭《せま》いアパートに、この時点まで二人のユダヤ人をかくまい、何者かに密告《みっこく》されてともどもに逮捕されたというニュースは、隠れ家のアンネの耳に、また隠れ家に心を寄せる人たちの耳に、どう響《ひび》いたことか。それを考えると、私の胸はふさがる。

八百屋《やおや》さんは、毎日のように、たくさんの野菜を注文するミープさんが、いくら野菜好きでも、夫婦《ふうふ》だけでそんなに食べきれるものでないくらいのことは、はじめから知っていたのだ。しかし、彼はその疑問を決して口にしなかった。なぜなら、自分のところにも、余分な食糧を持ってかえらなければならない人間が、息をひそめていたのだから。

主食のパンにしても、同じことがいえる。

コープハイス氏のなじみのパン屋は、配給キップがなければ一片《いっぺん》だって売ることのできないはずの貴重《きちょう》なパンの包みを、ただ黙って、そっと手渡《てわた》してくれたという。パン屋の主人は、通りの角の八百屋さん同様に、買主の人柄《ひとがら》を信じ、言葉はなくても、ほんの一瞬《いっしゅん》合わした視線《しせん》だけで、すべてを理解したのにちがいない。

ということは、まだオランダ国内のあちこちに、多くのユダヤ人がかくまわれていたことを実証するだろう。

しかし、その数は、人びとの目に見えにくいところで、日ごとに減っていった。市民たちは知っていたのだ。かくまわれていたユダヤ人ばかりでなく、かくまいつづけた陰《かげ》の支持者たちも、つぎつぎ逮捕されていったからである。同じ町のなかには、そうした人間性を失わなかった人びとのかわりに、心ならずもゲシュタポの手先になって、甘《あま》い汁《しる》にありつこうというスパイや密告者もいた。

すでに、ＳＳの管轄下《かんかつか》に置かれたオランダ秘密警察《ひみつけいさつ》からは「ユダヤ人をかくまい、あるいは密出国《みつしゅっこく》させ、または身分証明書を偽造《ぎぞう》したりした者は、全財産を没収《ぼっしゅう》したほかに、政治犯収容所に送られる」という布告が発表されていた。それればかりではない。この布告にしたがって、ユダヤ人逮捕《たいほ》につながる確実な情報提供者《ていきょうしゃ》には、賞金がついていた。

ユダヤ人一人に対して、七ギルダー五十五セント。

本書執筆《しっぴつ》当時の為替《かわせ》レートだと、一ギルダーは日本円でいくらとわかるが、それから四十年以上も昔の価値《かち》がどれほどのものであったかは、日本の場合を考えてみるとおおよその見当がつく。

網《あみ》の目のように張りめぐらされた管理・監視組織と、そのなかをボーフラのように泳ぎまわるスパイや密告者たちによって、アムステルダムだけでも、一九四三年五月二十六日に三千人、六月二十日には五千七百人が逮捕された。逮捕者は、ユダヤ人ばかりではない。そのユダヤ人に、なんらかの手を差しのべた布告の該当者《がいとうしゃ》もふくまれる。該当者は、もちろんユダヤ人と同罪である。

アンネらの隠れ家を支える人たちは、どんなにか脅威《きょうい》だったことか。

「クラーレルさんは、あまりの責任の重さに疲《つか》れ果《は》てて、口もきけないような時があります」

一九四四年五月二十六日づけで、アンネが日記にしたためた一行は、ずしんとした重みで読む者の胸に突《つ》きささる。しかし、かれらはくじけなかった。解放の日まで隠れ家のアンネたちを守り通せなかったのは惜《お》しまれるが、おそろしい極限状態にもめげず、心の灯をともしつづけた人たちだった。

その人たちは、いま、どこでどうしているのだろう。

戦後、オットー氏に再会することのできたクラーレル氏はカナダに、病気がちのコープハイス氏は引退したということだが、その後の消息はわからない。隠れ家の住人で、ただ一人だけ生きてかえったオットー氏も、いまは亡《な》く、アンネと仲の良かったエリーさんは、昨年（一九八三年）五月にこの世を去った。

戦後四十年からの歳月《さいげつ》は、第二次世界大戦下のかけがえのない証言者を、つぎつぎと奪《うば》っていく。

しかし、アムステルダムに、いま、私たちを迎《むか》えてくれる人がいる。

市の中心部、ダム広場から車を飛ばして、ほんの十五分ほど。

車は、いくつかの運河にかかる橋を越え、アムステルダムの西方、ボスドゥイン街の、閑静《かんせい》な住宅街《じゅうたくがい》の一隅《いちぐう》にとまった。ゆったりとボートの浮かぶ運河に近く、緑豊かななかに、古風ではあるが、いかにも趣《おもむき》のある棟《むね》つづきのアパートが、私たちの訪《おとず》れる人の住居だった。玄関《げんかん》

ミープ夫妻と語り合う作者

ドアの呼鈴《よびりん》を押すと、ウエルカムといわんばかりに、ドアが自動的に開いて、娘は大喜びだ。

階段《かいだん》を上がっていった二階に、クリーム色のワンピース姿《すがた》の金髪《きんぱつ》の女性が、にこやかに笑っている。小柄だが、メガネごしのそのまなざしは理知的で、親しみぶかいものがある。

「ミープさん、ですね!!」

私は、思わずさけんだ。

「ようこそ、いらっしゃいました。今日の日を、お待ちしてましたわよ。さあ、どうぞどうぞ」

と、室内に手まねきしてくださる人は、だれあろう、かつてアンネたちのいた隠れ家に「荷物運びのロバのように」せっせと食糧を運びこんだミープ・ギースさん、その人だった。

金髪にいささか白いものが交じったミープさんは、いま七十四歳、当時と変わらず、心優しく、ふっくらと美しいレディである。そのかたわらに、チェックのＹシャツにダンディなネクタイ姿で立つ長身の、いかにも温厚《おんこう》な紳士《しんし》は、アンネが尊敬《そんけい》してやまなかった〝自由オランダ〟の闘士《とうし》、ヘンク（ヤン）氏だ。

老闘士は微笑《びしょう》し、私たち一人ひとりに、大きな手を差し出した。かつてアンネたちを支えたその手が、娘のおかっぱ頭をなでる。

「いくつ？」

「十一歳です」

「モア・チルドレン！」

かわいい子と、ミープさんが、目を細くして笑った。

そうか、と私は急にアンネの年を思い出していた。どしゃ降りの雨の日、小猫モールチェに別れを告げて、隠れ家生活に飛びこんだアンネは、十三歳。わが娘とたいして変わらなかったわけである。

ミープさんも、とっさに、そのことを連想したのかもしれない。

「朝、少し早めに事務所に出勤《しゅっきん》しますと、すぐ奥《おく》の隠れ家をたずねるのが、わたしの日課でした。みなさん、ごらんになったあの本棚《ほんだな》の秘密の入口は、ある特別なサインで、内側から開

ミープ夫妻を囲んで。左から、輝（長男）、民（二男）、直枝（妻）、ヘンク（ヤン）氏、愛（長女）、ミープさん、作者

くようになっていたのです。その日その日の、ショッピング・リストをもらわねばなりません。食糧のほか、日用品などで特に必要なものはないかどうかを聞くわけですけど、わたしがなかに入りますと、隠れ家の人たちはみな固唾《かたず》を飲む感じで、なにかいいニュースはないかないかと緊張《きんちょう》していました。声も出せず、目ばかり大きく見張って。

そんななかで、アンネだけは、いつも生き生きとはずんで、

〝ハロー、ミセス・ミープ、みんな元気よ。あなたもね？〟

と、笑顔《えがお》で、聞いてくれるのです。

それで時々、エーディトに、はしたないとたしなめられることがありましたけど、私はほっと胸をなでおろして、さあ、今日もがんばらなくちゃ……という気になるのです。隠れ家のみんなが、

いつもしょんぼりとふさぎこんでいたら、私だって、やはり不安になりますものね。

だって、みなさん。アンネは早乙女《さおとめ》愛ちゃんより二年しか上でないのに、来る日も来る日も、世間から完全に隔離《かくり》されているんですから、それもいつどうなることやら、一寸先《いっすんさき》のことはわからないんですから、ほんとうは明るい笑顔なんか出来るはずはないのです。

あの冷静なマルゴットだって、ふさぎこんでいる時がよくありました。マルゴットもほんとうにいい子で、隠れ家の人たちのめんどうをよく見ていましたが、バイタリティーという点では、妹のアンネのほうが勝《まさ》っていたように思います。彼女は最後まで希望を捨《す》てることなく、生きることとの力を自分の胸にたしかめ、少々にぎやかでおしゃまでしたが、隠れ家の暗い生活に、一点の灯をともしつづけたのだと思います。

たとえ、隠れ家の外にはいましても、わたしたちだって、明日の生命さえおぼつかないような、不安と緊張の日々でした。ですからね、あるいはわたしたちのほうが、アンネたちにはげまされていたのかもしれませんよ……」

アンネの思い出を語る時、胸によみがえってくるものを抑《おさ》えきれず、小刻《こきざ》みに声をふるわせるミープさんだった。

アンネから逆にはげまされていた、とミープさんはひかえめにいうが、しかし、「荷物運びのロバさん」が果たした役割《やくわり》は、あまりにも重く大きかったと思う。

たとえば、休日の一日、雨など降ってたまたまわが家の一同が家にいたとすると、朝昼晩《あさひるばん》と、食事作りと後かたづけにのみ追われるような気がする。五人家族の一日分の食糧は、もしテーブルに並《なら》べてみたとしたら、大変な物量である。それが、さらに三人追加して、八人。しかも、一日や二日のことではない。二十五カ月間もだ。

ごく常識的にいって、一トンの穀物《こくもつ》は、年間に六、七人を扶養《ふよう》するといわれる。八人からの人たちが二十五カ月間となれば、ミープさんが主になって、せっせと蟻《あり》のように隠れ家に持ちこんだヤミの食糧は、ざっと三トン近くにもなる。気が遠くなるような物量である。

その途方《とほう》もないエネルギーの、よりどころとなったものはなにか。


「そんなこと……」

と、ミープさんは、急に顔を赤らめ、恥《は》ずかしそうに手を振《ふ》って、

「人間として、当然のことで、とりたてていうべきものじゃありません。だって、きのうまで同じ事務所で仲良く働き、あるいは親しくしていた隣人《りんじん》たちなんですものね。その人たちが、ユダヤ人ということ以外に、なに一つ迫害《はくがい》される理由なんかないのは、わたしたち、だれよりもよく知ってましたから」

「でも……」

と、私の口から、つい一言が洩《も》れた。

「密告者やスパイがあちこちにいたんですから、もしも発覚した場合には」

「ええ。そりゃ今にして思えば、ずいぶん危険《きけん》なことだったとは思うけれど、あの時はね、毎日が無我夢中《むがむちゅう》でしたのよ。それに若《わか》かった。少々のことではへこたれませんでしたね」

「私たちは」

と、横にすわったヘンク氏が、もの静かな口調できり出した。

「家内もそうですが、特に私の場合、アンネ一家のみならず、危険の迫った他《ほか》の人たちをも援助しなければならない立場にありましたが、なに、大したことじゃありません。困《こま》った人がいれば助けるのは当たり前で、深く考えるよりも行動するほうが先でしたよ。当時のオランダにはユダヤ人を助けた人たちは大勢いたわけで、私どもはその端《はし》の端に連《つら》なっていたに過ぎません」

「しかし、そうはいっても大変なことですよね。人間は誰《だれ》しも、状況《じょうきょう》が悪くなれば、わが身の安全や安定を優先《ゆうせん》しますものね」

「アンネとちがって、私たちは外で動くことができましたからね」

と、ミープさんがつづけて、

「ある日、私どもの家の前で、ユダヤ人のおばあさんが、つかまったことがあります。ゲシュタポが、ちょっと目を離《はな》した隙《すき》に家のなかに引っぱりこむことはできましたが、そうしたら、私も一緒《いっしょ》につかまるでしょう。隠れ家の人たちを守る責任がありますものね。すみませんとおわびして……。ええ、つらいことでした」

「そう。毎日、気持ちばかりがせいて、自分を納得《なっとく》させるようなことは、なにもできませんでした。私どもにもう少しの力があったら、あんな目にあわさずともすんだのですよ、アンネたちを……」

と、老闘士は、しんみりとした口調で語った。

ソファに並んで腰《こし》かけたわが子が、神妙《しんみょう》な顔でうなずく。

大したことはできなかったという夫妻の謙虚《けんきょ》な発言だったが、しかし、と私は考える。はたして同じ状況下に置かれた時、どれだけの人が同じ行動を成し得るだろうか。夫妻は、アンネたちが隠れ家にひそむ前年に結ばれ、その新婚《しんこん》生活もまだ一年になっていなかったのだ。

いわば新婚ホヤホヤで、やがて生まれてくる赤子のことを思えば、普通だったら他をかえりみるゆとりなどなかっただろう。できることなら、危《あぶ》ないところには近よらず、目を耳をふさぎ、口も閉《と》じて、わが家の安全に執着《しゅうちゃく》するのが人間の常ではないか。にもかかわらず夫妻は、生死にかかわる危険を承知の上で、ユダヤ人をかくまうナチスへの抵抗者《ていこうしゃ》になったのだ。ほんの紙一重《かみひとえ》の差で、逮捕を逃《のが》れることができたとはいうものの、その死をも恐《おそ》れぬ勇気に圧倒《あっとう》される。

夫妻にとっては、アンネやマルゴットは、わが子としか考えられなかったのだろう。夫妻の結婚式場《けっこんしきじょう》に向かうオットー氏と、アンネたち一同の一枚《いちまい》の写真がある。ボンネット風の帽子《ぼうし》をかぶったアンネは、二人の結婚式をよほど心待ちにしていたのか、冴《さ》えた明るい顔で笑っている。この笑顔は、そのまま夫妻の心にも生きつづけていたにちがいない。

その笑顔を絶やすまいと思う愛が、まだ若い日の夫妻をつき動かしたのではないのか。

おまけに、夫妻はさらに大きな貢献《こうけん》をした。隠れ家生活がついに発覚し、アンネたち八人が連れ去られた後の部屋に入った二人は、床《ゆか》に散乱《さんらん》している日記帳や、ノート、紙片類《しへんるい》を発見した。見おぼえのあるアンネ愛用の日記である。

「いつか、隠れ家をたずねましたら、窓《まど》ぎわの小さな机《つくえ》に向かって、アンネが日記帳になにか書いていました。ところが、部屋は昼間でも厚手のカーテンで閉ざされていましたから、とても薄暗《うすぐら》いのです。

〝あら、目が悪くなるわよ〟

カーテンの裾《すそ》を少し持ち上げて、ドアにはさみましたら、アンネは気まずそうに笑ってその日記を両手でかくしました。

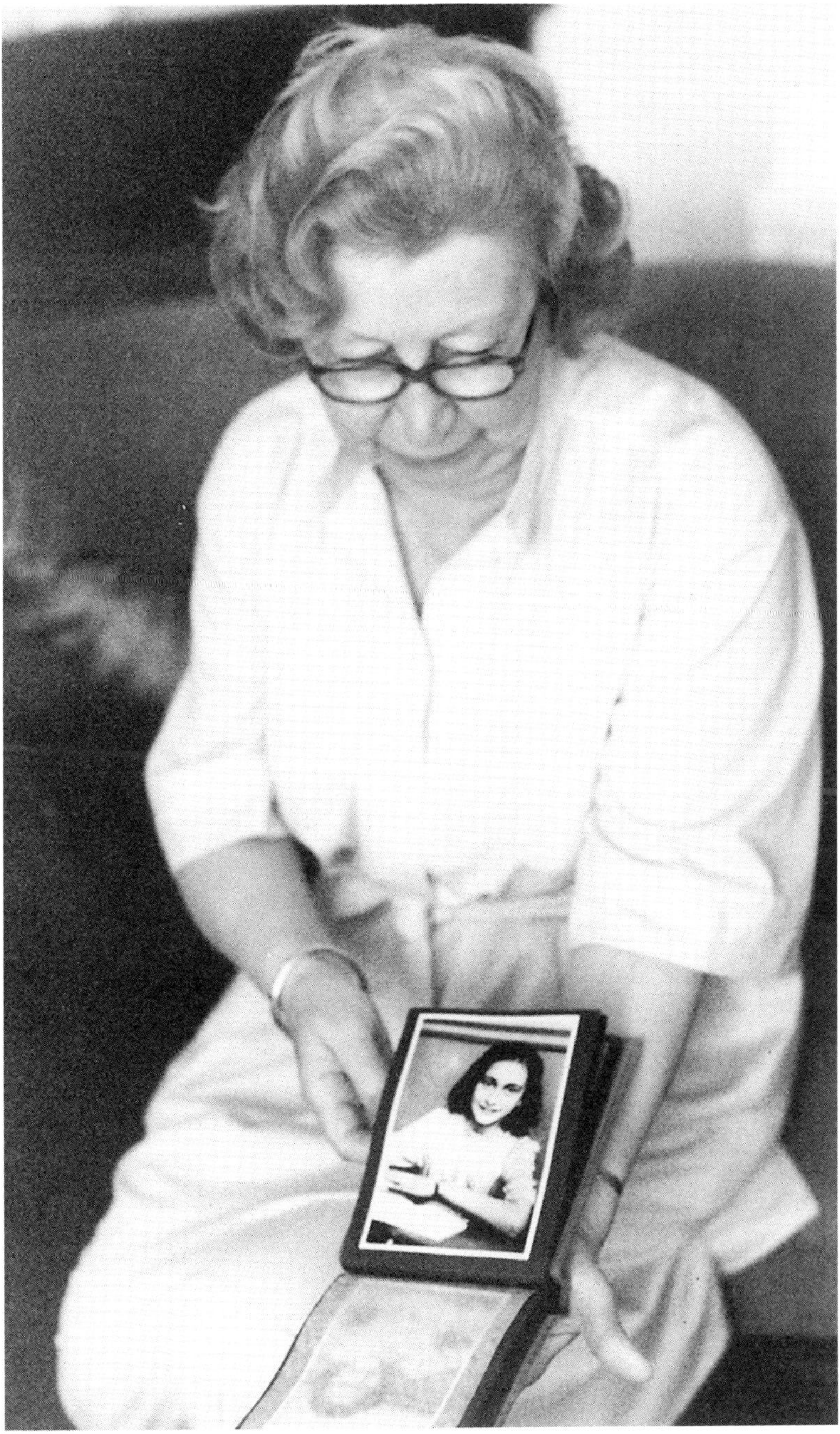

ミープ・ギースさん。アンネたち隠れ家の人たちを守った。アンネのアルバムを出して思い出を語る

〝未来の大傑作《だいけっさく》かな〟

〝もちろんよ〟

と、肩をすくめてふふと笑いました。

ところが、隠れ家の人たちは、アンネにあれこれ書かれるのと、彼女のゆずらぬ自己《じこ》主張に閉口《へいこう》していました。それでいつも大人たちの批判《ひはん》の的になっていましたが、でもね、彼女の内面には、謙虚で素直《すなお》なもう一人のアンネがいて、いつも深く自己反省をしていました。日記は、アンネの青春の教科書でもあったのです。また、書くことにより、閉ざされた外の世界に向かって、平和な未来の夢を語りつづけたのですよ」

ミープさんは、隠れ家の床で持ち主を失った赤いチェック模様《もよう》の日記帳を拾った。ノート類や紙片も、ひとまとめにして自分のデスクにしまい、だれにも見られないように鍵《かぎ》をかけた。いずれアンネが戻《もど》ってきた時に、ほうらね、と手渡すつもりで。……

ところが、戦後生きてかえってきたのは、オットー氏一人だけだった。アンネの死を確認《かくにん》した時、ミープさんは、大切に保管しておいた日記類を、オットー氏に渡《わた》した。もしミープさんがいなければ、『アンネの日記』が、世に出ることはなかったのである。

それからミープさんは、大きなゼスチュアで、坐《すわ》っていた長椅子組の一同を立たせた。私が、最後になにかアンネの形見の品はないかとたずねた時である。

「特別に、みなさんにお見せしましょうね。これは、私たちの最高のシークレットです」

なんのために立たされたのかと思ったら、長椅子の腰かけ部分を持ち上げたところが、そっくり収納庫《しゅうのうこ》になっていて、彼女はそこから一封《いっぷう》の包みを慎重《しんちょう》に取り出した。

みな、包みのなかから現われたものに注目した。

一つは、アンネ自身の化粧《けしょう》用ケープに靴入袋《くついれぶくろ》。靴の形をした布製の袋の上部には、アンネの手になる赤糸の刺繍《ししゅう》で「A・F」と、かわいらしいイニシャルが入っている。隠れ家生活では、こういうものも作らなければならなかったのか。一同が逮捕された直後の密室《みっしつ》で、ミープさんが先の日記帳ともども拾得《しゅうとく》したのを、今日まで保存《ほぞん》したのだという。

二つめは紙片で、これは隠れ家からの、ある日のショッピング・リストだそうだ。ファン・ダーン氏の筆によるものだそうで、レバー、ソーセージなど、これだけは緊急《きんきゅう》に必要だという鉛筆《えんぴつ》メモである。もちろん、最低ぎりぎりの注文だったにちがいないが、肉店で金を出せば自由に入手できるというものではない。戦時中の日本のように闇《やみ》の配給キップが必要なのだ。ほとんど毎日のようにリストを出すほうも、受けとるほうも、どんなにせつなかったことかと思う。

リストの内容を正確に訳《やく》してもらっているうち、ミープさんは、アンネの形見の化粧用ケー

買物注文のメモ

ユダヤ人を示すダビデの星章

プを取って、ふわりと自分の肩に回した。

「これは、あの日から、まだ一度も洗《あら》ったことがないの。洗濯《せんたく》しますとね、ほら、あの子の面影《おもかげ》が薄《うす》れるように思いましてね……」

と、小さな声でつぶやくようにいう。

薄桃色《うすももいろ》のケープには、たしかに、四十年からの歳月を偲《しの》ばせる染《し》み跡《あと》が、うっすらとにじんでいる。

「ミープさん、ちょっと、こちらを」

カメラマン氏が、レンズ越《ご》しに声をかけたが、ミープさんは容易にふり向かなかった。手前に坐った私の側から、その横顔がちらとうかがえたが、彼女は頬《ほお》をふるわせて、嗚咽《おえつ》しているのだった。

「なにもかも、つい昨日の出来事のようです。青白い顔に、目の澄《す》んだアンネ……。忘れることなどできませんよ」

アンネの化粧用ケープ

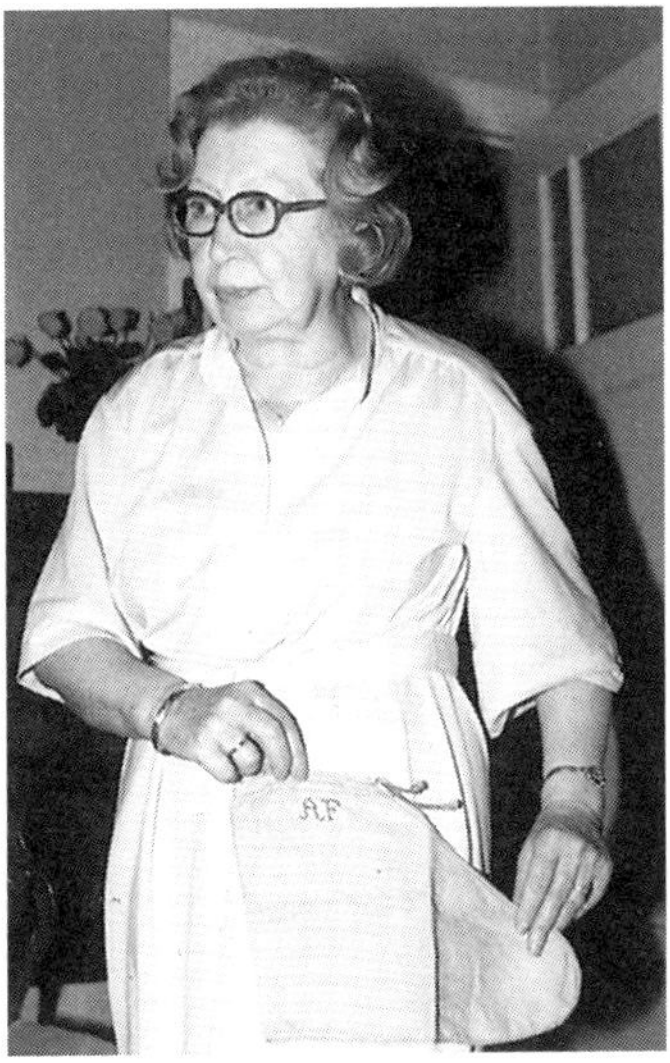

アンネの靴入れ袋

七十八歳のヘンクさんこと、ヤン・ギース氏は、そういって、遠く過ぎ去った日を偲《しの》び、窓の外に向けた目を細めるのだった。

私たちの一行は、三人のわが子を先頭に、笑顔の夫妻と固い握手《あくしゅ》をかわして別れた。

アパートを出て、振《ふ》り返《かえ》ると、二階の窓ガラス越しに、手を振っている夫妻が見えた。

「ミープさん、さようなら！」

「おじさん、ごきげんよう！」

「いつまでも、いつまでも、お元気で！」

みな、口ぐちにさけんだ。

私たちは歩きながら、何度も何度も振り返り、ガラス窓の夫妻の姿が見えなくなるまで、手を振り続けた。

夫妻がアンネの面影を永遠に忘れられないよう

寝巻き入れ。祖母の誕生祝いにアンネが贈った。「おやすみなさい」とアンネが刺しゅうをしている

に、私もまた、ミープ夫妻の美しい笑顔を決して忘れることはないだろう。

一九八四年版　エピローグ　待望の平和は…

アンネ・フランクが、じっと息をひそめて二年余の歳月《さいげつ》を過ごした隠《かく》れ家《が》の、その部屋にたたずんで私は考えた。アンネが、もし死ななかったとしたら何歳《なんさい》になるのだろう。……アンネの生まれた年は一九二九年、いま五十五歳のはずだ。まだまだ若《わか》い。私の母など八十歳を超《こ》えて踊《おど》りの名取りになり、元気ハツラツとしたもので、アンネだって戦争で死ななければ、いま頃《ごろ》大勢の子や孫たちに囲まれ、女性としてもっとも充実《じゅうじつ》した日々を過ごしているはずである。

アンネはわずか十五歳で、修羅《しゅら》そのものの戦争に息の根を止められてしまったが、それからざっと四十年、私たちはアンネたちを殺した戦争勢力が、なおしぶとく生き続けているのを見落としてはなるまい。

「残念ながら、現在の世界には、肌《はだ》の色や、信条など、もろもろの〝ちがい〟による差別が、まだ根強く残存《ざんぞん》しています」

と、一九五七年に結成されたアンネ・フランク財団は、アンネたちの隠れ家をミニ記念館「アンネ・フランク・ハウス」として永久保存《ほぞん》し、その管理と運営に当たる目的の冒頭《ぼうとう》に、まず旧態依然《きゅうたいいぜん》たる差別による迫害《はくがい》を問題にした。さらに言葉を続けて、

「そしてまたファシズムは、たとえその現象形態を変えているとしても、死んではいません。ネオ（新）・ナチの運動もさかんで、ふたたび権力《けんりょく》の奪回《だっかい》をめざして、復活を試みています。民主主義のはずの国々でも、ともすれば人権《じんけん》は蹂躙《じゅうりん》されがちで、平和も脅《おびや》かされているではありませんか」

と、アンネ・カタログのまえがきに、きびしく訴《うった》えている。

アンネの隠れ家を訪《たず》ね、その階段《かいだん》や窓《まど》の手すりや、壁《かべ》のあちこちに張られたブロマイドなどに、彼女《かのじょ》のせつないような息づかいをたしかめてきた私には、この警告《けいこく》が改めて身に突《つ》きささるかのようである。

まさにその通りだと思う。アンネは死んだが、戦争勢力は死んではいない。いないどころか、アラビアン・ナイト物語の壷《つぼ》から出て来る妖怪《ようかい》のようにふくれ上がって、ついに昨年の暮れ、ヨーロッパの民主主義を掲《かか》げる先進国に、アメリカの新型核《かく》ミサイルの配備が強行されてしまった。日本でも、横須賀《よこすか》に司令部を置くアメリカ第七艦隊《かんたい》の主力艦《しゅりょくかん》すべてに、「悪魔《あくま》の凶《きょう》器《き》」ともいうべきトマホーク配備が、いよいよ目の前にやってきた。

核戦争によって来るであろう人類最後の日は、何分後に迫《せま》っているのだろうか。これを象徴《しょうちょう》するアメリカの原子物理学の専門誌《せんもんし》『ブレティン・オブ・ジ・アトミック・サイエンティスツ』の表紙の時計は、これまで十二時四分前を示していたが、今年に入って長針《ちょうしん》が一分進み、三分前となった。十二時〇分は、核戦争勃発時刻《ぼっぱつじこく》である。なんと、人類絶滅《ぜつめつ》の瞬間《しゅんかん》三分前にきてしまったというわけである。

「隠れ家には興奮《こうふん》の渦《うず》が巻《ま》き起《お》りました。あんなにみんなで語り合いながらも、あまりすばらしくて、おとぎ話のようにしか思えない待望の解放が、いよいよ本物になるのでしょうか？　今年じゅうに勝つでしょうか？　……もうユダヤ人だけの問題ではありません。オランダや、ドイツに占領《せんりょう》されている全ヨーロッパの問題です。マルゴットは、九月か十月には、また学校に行けるようになるかも知れないと言っています」

一九四四年六月六日の、アンネのしるした日記の一節が、痛《いた》いように私の胸《むね》によみがえってくる。ここでアンネのいう「待望の解放」とは、待望の平和のことである。その平和は、隠れ家生活を続けるアンネには、まるで「おとぎ話」のようなすばらしさだったが、九月か十月には通学できるようになるかも知れなかった「おとぎ話」はあっけなくも消滅《しょうめつ》してしまい、学校のかわりに死の強制収容所《しゅうようじょ》を引きずり回されることになる。

私たちはいま、アンネが待望してやまなかった平和めいた社会にいるが、決してアンネの願った「おとぎ話」の日常なのではない。その証拠《しょうこ》に、なんと平和の土台のミシミシと不安定なことか。

もしアンネがこんにちに生きていたとしたら、なにを考え、どのように行動したことだろう。『アンネの日記』を読み進めていく時、すでにその回答は出されているように思われる。隠れ家の彼女がひたむきに願った夢と理想のバトンを受《う》け継《つ》ぐのは、現代社会を生きる私たちの、人間としてのつとめなのかもしれない。


すでにこれまで『アンネの日記』を中心に、詩、エッセイ、メルヘンから写真集、ルポルタージュに至《いた》るまで、アンネの短い生涯《しょうがい》を偲《しの》ぶ書物は各社から多く刊行されているので、本書は、アンネたち隠れ家を守った人びとに焦点《しょうてん》をあてた。しかし、人間の尊厳《そんげん》を「死守した」といってもいい勇気ある人びとの消息は、いまやほとんど絶望に近かった。戦後四十年からの歳月のなかで、オットー・フランク氏もすでに去り、クラーレル、エリーさんも亡くなり、病気がちだったというコープハイス氏の消息はついにたしかめられなかった。

人間的な、あまりにも人間的だった人たちの直接の証言は、もはや不可能な時間なのかとなかばあきらめかけていた矢先、吉田寿美《よしだすみ》さんの懇切《こんせつ》なご配慮《はいりょ》でミープ夫妻とのコンタクトがとれたことは、なんと幸運だったことだろう。私のペンが、夫妻の心情をどの程度までここに伝えきれたかが不安でならない。
　本書誕生《たんじょう》のバネを用意してくださった吉田寿美さんに、まずお礼を申し上げたいと思う。さらに、アンネ・フランク財団のV・D・ワウターさんには、特にお世話になった。また朝日新聞社企画部《きかくぶ》立石亥三美《いさみ》氏のご好意により、貴重《きちょう》な写真、資料をお貸しいただいた。撮影《さつえい》は『母と子でみるシリーズ』以来の大野昌直氏、久保崎輯《あつむ》氏、旅程については富士国際旅行社の尽力《じんりょく》を得、現地通訳《つうやく》は上條柾子《かみじょうまさこ》さん、編集・レイアウトは梅津勝恵《うめづしょうえ》氏、杉松欅《すぎまつけやき》氏。ここに、改めて深謝する次第《しだい》である。

（一九八四年　作者）

なお、参照、引用資料の主だったものは、次の通り。これを機会に、ぜひご愛読を期待してやまない。

『アンネの日記』アンネ・フランク、皆藤幸蔵訳、文芸春秋
『アンネの青春ノート』アンネ・フランク、木島和子訳、小学館
『「アンネの日記」展』朝日新聞社編、朝日新聞社（展覧会のカタログで現在入手できず）
『少女アンネ―その足跡』シュナーベル、久米穣訳、偕成社
『写真集　アンネ・フランク』木島和子編訳、小学館
『「アンネの日記」への旅』黒川万千代著、労働旬報社
『光の中のアンネ・フランク』篠光子著、小学館

隠れ家の平面図

ペーターの部屋
部屋から急な梯子を上がると屋根裏に出る。ここには隠れ家唯一の日中も外部の人に怪しまれることなく開閉できる小窓がある。この窓から、ベステルトーレンの時計台と運河などが眺められた

ファン・ダーン夫妻の部屋
夫妻の寝室であり、隠れ家に住む八人のくつろぐ居間であり、食堂であり、台所であった。ストーブは夏冬を通してたかれ、料理用、暖房用と同時に、ゴミの焼却にも使われた。ストーブの使用が外部から怪しまれなかったのは、ここがもともと工場の実験室として、毎日、ストーブが使われていたから

アンネとデュッセルの部屋

フランク夫妻・マルゴットの部屋
部屋の下は事務所なのでウィークデーの日中は足音を聞かれることを恐れて使用せず、寝室用のみだった。

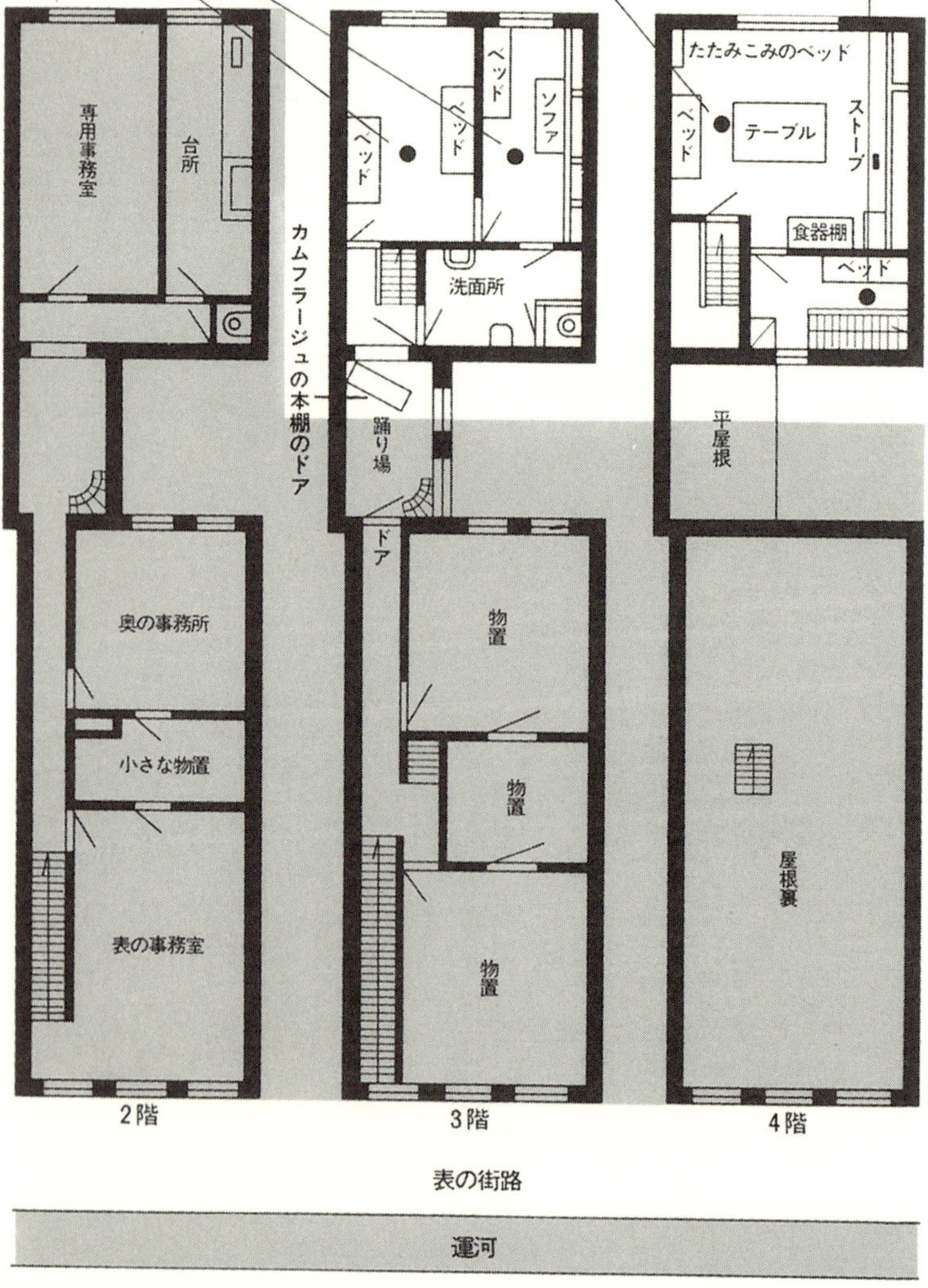

アウシュビッツと私

アウシュビッツ正面の鉄門

アウシュビッツ強制収容所《しゅうようじょ》へ

アウシュビッツ。

その一語を聞くだけで、私の胸《むね》の内に、ある種の戦慄《せんりつ》が鋭利《えいり》な白刃《しらは》のようによぎるのを抑《おさ》えることができません。

「近代的マスプロ工業が、人間を垂直《すいちょく》に歩く動物から一キログラムの灰《はい》にしてしまう事業に動員された」

というきわめて象徴的《しょうちょうてき》な言葉で、アウシュビッツをズバリ表現したのはアメリカのジャーナリスト、エドガー・スノーでしたが、ここにはまさに人間が人間の尊厳《そんげん》を完全否定《ひてい》したメカニズムが、史上最大の殺戮《さつりく》となって存在《そんざい》するのです。神もおののくほどの地獄《じごく》と修羅《しゅうら》は、もちろんナチスの残虐行為《ざんぎゃくこうい》のすべてであったといってまちがいないのですが、そのナチスとて一人ひとりの人間で構成されていた以上、近代史の上で決して払拭《ふっしょく》することのできぬ重大な汚点《おてん》であり、人間の心と獣心《じゅうしん》とを入れ替えたファシズムの正体を考えないわけにはいかないのです。まだ少年の日、心に深く鋭《するど》くきざみこんだ私の第二次世界大戦の傷痕《きずあと》とともに。……

昨年（一九七九年）八月、あつい夏のさかりに私は、ナチス・ドイツの手になる絶滅《ぜつめつ》センターとして世界に知られるアウシュビッツ強制収容所をたずねました。

戦後三四年目にして、はじめてというのは、少し遅《おそ》すぎたきらいがあるかもしれません。というのは、私はこれまでに何度かアウシュビッツの近くまで足を延《の》ばす機会があり、案内してくださる方のさそいもないではなかったのですが、そこを横目に素通《すどお》りしてしまったのは、時間とお金のゆとりのなさもありましたが、それよりも自分の内部に逡巡《しゅんじゅん》するものがあって、ついに決定的な勇気を持ち得なかったからです。

たとえば一九七一年にも私は、世界平和評議会の国際集会のために、ハンガリーの首都ブダペストにきていました。そこからならアウシュビッツを目指すのはかんたんで、ほんの一、二時間でポーランドの首都ワルシャワへ直行することができます。島国日本にいると信じがたいことなのですが、東ヨーロッパで隣国《りんごく》へ行くのは、飛行機でちょっと東京から大阪までといった感じなのです。

アウシュビッツ行きをすすめてくれましたのは、この旅程の中で親しくしてくださった名古屋大学名誉《めいよ》教授《きょうじゅ》の新村猛先生でした。先生はフランス文学の権威《けんい》でしたから、先生に同行すれば通訳《つうやく》もしていただけるというまたとない機会なのでしたが、私は一晩《ひとばん》ほど考えた結果、やはりあきらめることにしたのでした。今ふりかえってみても無理からぬことでしたが、当時の私は能力以上の過分な荷をしょっていました。その前年に発足《ほっそく》させたばかりの東京空襲《くうしゅう》を記録する会の編纂《へんさん》事業は、会を法人格にしたもののまだ海のものとも山のものともわからず、この仕事の延長《えんちょう》線上ではるばるブダペストまできたわけですから、道くさは禁物、よそ見は極力避《さ》けねばなりません。

国際集会の幕《まく》が閉《と》じて、新村先生は空路ワルシャワへ向かい、私はルーマニアで一休みしたあとモスクワへ。ここでみな一緒《いっしょ》におちあって帰国する予定でしたが、やがてアウシュビッツからモスクワへ戻《もど》ってきた先生は、疲労《ひろう》の色も濃《こ》く、つぶやくように、

「君、行かなくてよかったです。ぼくは具合悪くなりましてね、あまりにものすごくて。あれは人間のしわざではありません」

そういった後、ほんとうにホテルのベッドに寝《ね》ついてしまったのです。

これまで長く、ヨーロッパの反ファシズム人民戦線運動を精力的に紹介《しょうかい》してきた新村教授がアウシュビッツを知らないはずはなく、むしろだれよりもくわしいはずなのに、「人間のしわざではない」というところを考えますと、暗に想像しただけでも私は身の毛のよだつ思いで目をふせ、これでアウシュビッツとの距離《きょり》は絶望的に開いた感じでした。

それから八年余……。ふたたびアウシュビッツが私の目の前に出現しましたのは、私の中で

求めるものがあったからなのか、それとも向こうから私を求めてきたのかわかりません。個人的な立場からいえば、この一〇年間を投入した東京大空襲《だいくうしゅう》の追跡《ついせき》、調査、編纂活動が、東京から全国に波及《はきゅう》し、ついに『日本の空襲』全一〇巻《かん》の集大成となって一つの成果を見たこともありますが、過去の民衆《みんしゅう》の戦禍《せんか》を後世に残す記録運動の高まりとともに、また「いつかきた道」に逆行するかと思われる新たな現代型ファシズムが、軍国主義の復活・台頭を足場に再登場してきたことで、現時点でアウシュビッツをこの目で見きわめることの意義を痛感《つうかん》させられたのです。

「アウシュビッツを見ずして、ファシズムは語れない」

といったのは、まだよき時代の清水幾太郎《いくたろう》氏でしたが、そういう方さえも当時とはがらりと一変して、おなじ誤謬《ごびゅう》を繰《く》り返《かえ》さぬということが、どんなに至難《しなん》のわざかを思い知らされるのです。しかし、まずなによりも今は知ることが大事なのでしょう。知ることによって超《こ》えることも可能かもしれない、と考えるならば……。

私とアウシュビッツとの遭遇《そうぐう》は、「世界に被爆《ひばく》の記録を贈《おく》る会」が企画《きかく》した〝世界に広島《ひろしま》・長崎《ながさき》を訴《うつた》える平和の旅〟が仲立ちしてくれたものですが、世界で初の原爆《げんばく》の悲惨《ひさん》さを訴える代表団ということなら、歴訪《れきほう》するブルガリア、ポーランド、東ドイツの国々でも、あの第二次世界大戦による傷痕をより深く切実に語ってくれるのではないか、と思いました。同会の代表は、私の属している東京空襲を記録する会の事務局長、評論家《ひょうろんか》の松浦《まつうら》総三氏で、氏も今回の旅に加わり、はからずもコンビで広島・長崎の被害《ひがい》のみならず、空襲・戦災による民衆の惨劇《さんげき》を直接訴える機会に恵まれたのは、ひろいものでした。

ちょうど国際児童年とあって、まずソフィアで開かれた〝世界子ども会議〟（ブルガリア政府とユネスコの共催《きょうさい》）に、ねむの木学園の子どもたちや宮城《みやぎ》まり子さんらと出席した後、私たちの一行はポーランドへ向かい、旅の疲《つか》れをいやすゆとりもなく、いよいよアウシュビッツを目指すことになりました。

しかし、いざとなると不安が先に立ち、緊張《きんちょう》と興奮《こうふん》との交錯《こうさく》した複雑な気持ちを抑えることができないのです。あの日あの時、新村猛先生が「あまりにものすごくて」体調をくずしたというアウシュビッツは、戦後三四年目の私になにを語りかけ、なにを残すことだろう。そして私は、それをどのように受けとめ、現在から未来へ向けてどう生かしていったらよいのか。いやいや、その前に正直なところ、大量殺戮《さつりく》の実態に私の小心が耐《た》えられるのかどうか。……

以下、アウシュビッツにはまったくの「素人《しろうと》」の感想を、その歴史的な背景《はいけい》もふくめ、こんにちの状況《じょうきょう》と結びつけて、ルポ風に語らせていただくことにします。不足分は、同博物館より持ちかえりましたガイドブックなどで補足《ほそく》、充実《じゅうじつ》させていただければなによりかと思います。

「労働は自由への道」と書かれている

八月二〇日早朝、私たちはワルシャワ空港から、ポーランド航空の小さなフレンドシップ機で、小一時間ほど飛びました。

目的地アウシュビッツは、ワルシャワから南へ約三〇〇キロ。列車で行きますと、社会主義のお国柄《くにがら》ののんびり走って六、七時間はかかるとのことで、クラクフという町まで飛行機を使うことにしたのです。古都クラクフから、車でさらに六〇キロ。もはやチェコスロバキアとの国境に近いところに、元絶滅《ぜつめつ》センターの強制収容所《しゅうようじょ》があります。日本からポーランドまでは遠く、そのポーランドの中でもまたさらに〝辺境〟の地ともなると、ヨーロッパの人ならともかく、日本人観光客が好きこのんで寄りつく場所ではありません。したがってアウシュビッツといっても、ピンとくる人はすくなく、日本人のほとんどが首を傾《かたむ》けるのも無理からぬことかと思います。

クラクフから車で走る道すじは、平坦《へいたん》な野原と森の緑ばかりで、時どき深い木立の隙間《すきま》にきらりと沼《ぬま》の水が光り、さすがポーラ（野原）の国だけあって自然は豊か。ぽつぽつと点在する農家は、一昔前の日本の農村を思わせるのどかなたたずまいで、農作業機械らしいものはなく家畜《かちく》の牛がモウと鈍重《どんじゅう》に鳴き、今も昔も大きな変化はなさそうです。

車の中で私は、ワルシャワで入手したポーランドの地図を取り出し、今走りつつある地点をたしかめましたが、飛行機が着いたはずのクラクフは大きな活字で出ているのに、いくら目をこらして見てもアウシュビッツはありません。

ないのが当然で、アウシュビッツはドイツ名で、ポーランド語ではオシフィンチムという小さな町なのです。

オシフィンチムは、戦前まで、世界はおろかポーランドの地図にさえも記名されることのないひなびた貧しい町で、人口はわずか一万二〇〇〇人ほど。兵舎や工場などが散在する荒涼《こうりょう》とした湿地帯《しっちたい》で、また泥炭地《でいたんち》でもありました。さらに三キロほど離《はな》れた村ブジェジンカも併合《へいごう》されて、ドイツ名でビルケナウと呼《よ》ばれましたが、ここもまた深い木立の中にいくつかの沼があって、じめじめとした不毛地帯です。疫病《えきびょう》のおそれもあるとやらで、村人たちでさえも、めったによりつくことはなかったのです。この地域《ちいき》の共通した特色をもう一つだけあげるとすれば、冬は雪がふかぶかと、また濃霧《ガス》のたちこめる日が多く、日中でも黄昏時《たそがれどき》のようになるとか。人里離れて、なんとも憂鬱《ゆううつ》きわまりない場所なのです。

私たちがクラクフにたどりついた時は、どしゃ降《ぶ》りの雨でしたが、いつのまにか雨脚《あまあし》は遠ざかり、厚い雲間から、陽光がさしてきたのは幸いでした。陰鬱《いんうつ》な場所に雨ときては、生理的にいってどうしようもありませんので。

しかし、目的地が近づくにつれて、私の胸《むね》は異様《いよう》に昂《たか》まり、トキトキと鳴る鼓動《こどう》が首筋《くびすじ》のあたりにまで伝わってくるのです。臆病者《おくびようもの》を自認《じにん》する私には、これから先、いささかの勇気がいるのかもしれず、ために一人旅でないのが救いでした。私たちの一行は、教師や保育者、サラリーマンに学者、評論家《ひょうろんか》、それに小中学生から高校生まで加えて三〇名ほどでしたから、数の力でその流れに乗っていけばよいわけで、一人だと大きな勇気を必要とすることも、大勢なら小さな勇気で足ります。現代は、そうした小さな勇気の積みかさねを尊重《そんちょう》する時間なのかもしれません。

車から降《お》りたとたん、三五年前の強制収容所は、傾きかけた日射《ひざ》しにオレンジ色に照《て》り映《は》えて、あかあかと私の目にうつりました。

赤レンガで塗《ぬ》り固《かた》められた二階建ての重厚《じゆうこう》そのものの建造物が、ある一定の間隔《かんかく》を置いて、果てしなく並《なら》んでいます。ゆるやかな勾配《こうばい》の屋根の下にも小さな窓《まど》がありましたから、内部は三階になっているのかもしれません。その屋根より高く伸《の》びたポプラ並木《なみき》の梢《こずえ》が揺《ゆ》れて、風が出てきたらしい。これら二〇棟《とう》以上からなる建物は、ナチスがかつてポーランド軍の兵舎だったものを利用して一連の強制収容所にしたものですが、彼《かれ》らの撤退《てったい》の際の爆破《ばくは》から無事に逃《のが》れてこんにちまで原形をとどめ、戦争中と変わらぬ姿《すがた》で〝国立アウシュビッツ博物館〟となっているのです。

Museum＝博物館という文字に出合って、私はほっと一息つく思いでしたが、しかし、その安息もまたすぐ次の緊張《きんちょう》に奪《うば》われるのでした。ガイドの青年の案内で、カメラバッグを肩《かた》に赤レンガの建物を目指しますと、それらの建物を囲って二重の有刺《ゆうし》鉄線がいかめしく張りめぐらされ、このバリケードを支えるコンクリートの柱は太く、内側にひん曲って、電流よけの碍子《がいし》がタコの足のようにぽつぽつと浮《う》き出ています。二二〇ボルトの三相電流になっていた――と聞くだけで、背筋《せすじ》のあたりが重苦しくなります。

バリケードの一カ所だけ切れたところが絶滅強制収容所の入口で、厳重《げんじゅう》な金網《かなあみ》つきの鉄門があって、その前に白黒のまだら模様《もよう》の遮断機《しゃだんき》が、出入りを二重にチェックするしくみです。もっともバーは上がりっぱなしで、鉄門の上に掲《かか》げられた金属板のアーチの文字が目にくいこんできました。

ARBEIT MACHT FREI

アルバイト・マハト・フライは、労働は自由への道、と訳《やく》すべきでしょうか。働けば自由になる、とも受けとれます。といいましても、囚人《しゅうじん》として一度この門をくぐった人びとは、特

アウシュビッツ強制収容所正門。〝労働は自由への道〟と鉄扉にかかげられている

別な例外を除《のぞ》いて生きて出ることは不可能だったのですから、死んで自由になるということでしかないのです。その証拠《しょうこ》に出入口を監視《かんし》する鉄門前の三角屋根の監視塔《かんしとう》には、サーチライトの巨大《きょだい》なレンズが……回転探照灯《たんしょうとう》です。かつてはマシン・ガンの砲口《ほうこう》が、見上げる人びとの目に突《つ》きささってきたことでしょう。

来た、ついに来た。世界最大の戦場に！

私の胸の底から、一筋《ひとすじ》の光の矢のように貫《つらぬ》いてくるつぶやきです。

貨車が乗り入れた降車場《こうしゃじょう》は
ビルケナウ（アウシュビッツ第二）だ

世界最大の戦場――という表現は、博物館発行の各国語によるガイドブック（日本語のはまだない）にあるのですが、私たちの一行の中には、最初そのくだりに多少の違和感《いわかん》めいたものを感じた人もいたようです。少々大げさではないか、という声です。なにも知らない人にとっては当然のことで、したがって、まずナチ統治下の強制収容所《しゅうようじょ》の中で、アウシュビッツの占《し》める位置と役割《やくわり》とを多少なりとも把握《はあく》することが、問題の本質に迫《せま》る前提になろうかと思います。

それには、いささか歴史をさかのぼらなければなりません。

一九三九年九月一日、狂暴《きょうぼう》な独裁者《どくさいしゃ》アドルフ・ヒトラーにひきいられたナチス・ドイツ軍が、宣戦《せんせん》布告もなしにポーランドに侵入、第二次世界大戦の悲劇《ひげき》の幕《まく》が切って落とされましたが、これを引き金にして、さまざまな目的を持つナチ統治下の収容所が、網《あみ》の目のように洩《も》れなく隙《すき》なく全ヨーロッパに張りめぐらされました。強制収容所の構成は、おおよそ次の三つのパートに分かれていました。第一に有刺《ゆうし》鉄線をめぐらした中に集合場、火葬場《かそうば》、囚人《しゅうじん》病舎、実験場、殺人施設《しせつ》、居住バラックをふくみ、第二に司令地区で、管理事務所、兵舎、指導者住宅《じゅうたく》（温室、庭園、乗馬ホール、集会所などを備え）、第三が親衛隊村、そして囚人の強制労働の対象たるべき付属工場施設などです。これら収容所の数は、戦争も破局に近づいた一九四五年の時点で、ドイツ本国ならびに被占領国《ひせんりようこく》一七カ国に、およそ九〇〇から一〇〇〇カ所。

収容所群は単一のものばかりでなく、それぞれの目的と任務とがあり、強制労働を主にして、たとえ生命を失うことがあったにしても、苛酷《かこく》な重労働を通じての人員淘汰《とうた》をねらった強制収容所と、最初から生命の抹殺《まつさつ》を目的に〝最終的解決〟をはかった絶滅《ぜつめつ》収容所とを両輪にしていました。さらに関連付属収容所、単純《たんじゅん》労働収容所などがふくまれましたが、それらの各種収容所に、囚人として直接的なかかわりを持った人びとは、世界三〇カ国にまたがり、総数約一八〇〇万人といわれます。このうち無念の死をとげた人びとは約一一〇〇万人。

死者のうち実に四〇〇万人（本書執筆《しっぴつ》時の推定数《すいていすう》、総合あとがき参照、以下同じ）が、アウシュビッツにおける犠牲者《ぎせいしゃ》なのです。

四〇〇万人?!

あまりにも信じがたい数で、一ケタちがうのではないかという常識めいた批判《ひはん》の声に私も引きずられかけたものですが、私たちの常識を超《こ》えたところに戦争があり、その戦争はエスカレートすれば、人間的な常識など、またたくまに一蹴《いっしゅう》するのかもしれません。アウシュビッツ

における すさまじい悲劇を裏《うら》づけるのは、第二次世界大戦下におけるポーランド人の死者約六〇〇万人という数字です。ポーランドは、一九三九年に三〇〇〇万人を超える人口でしたから、実に五人強に一人が、戦争によって生命を奪《うば》われたことになります。しかも犠牲《ぎせい》者総数のうちの八割《わり》以上、五〇〇万人が一般《いっぱん》市民で占められているのです（日本の場合一般市民の死者は約六〇万人といわれる）。まさに世界最大の犠牲というべきで、アウシュビッツ収容所が、この犠牲者数と切っても切れない関係にあったことは、いうまでもありません。

第二次大戦勃発《ぼっぱつ》の翌年《よくねん》、一九四〇年に作られたアウシュビッツ収容所は、その後、年が改まるたびごとに大はばな拡張《かくちょう》と、近代科学による能率的な機能をそなえ、強制労働ならびに集団虐殺《ぎゃくさつ》用の絶滅計画と二つの任務をかねるようになり、後者の目的のためにビルケナウ＝アウシュビッツ第二収容所があてられました。

ナチスによって暗黙《あんもく》のうちに絶滅のレッテルを貼《は》られた人びとは、ヨーロッパ各地のさまざまな暫定的《ざんていてき》収容所を経て、ここに集中させられましたから、ビルケナウをふくむアウシュビッツ収容所群は、強制労働プラス一大絶滅センターになったのです。「人類の文明の歴史が開けて以来、初めて火葬場つきの完備した死の収容所が、一つの近代国家の手で作られたのである」（ミルトン・フリードマン）

この大規模《だいきぼ》な強制収容所設置のために、該当《がいとう》する七つの村が立《た》ち退《の》きを命じられ、やがてそ

ビルケナウの「死の門」に到着した人たち。SS 士官バルテスが撮影した（1944年）

の関係地域《ちいき》面積はワイクセル、ソラ両河の合流点にできた三角地帯を包括《ほうかつ》して、実に四〇平方キロにもなったとのこと。その周囲を列車で走るとすれば、東京駅から横浜《よこはま》を越《こ》え、大船近くまで行ってしまうわけで、おそろしく広大なものです。一九四三年の暮《く》れには、巨大《きょだい》な収容所群が、三ヵ所のパートで構成されるようになりました。

すなわち、アウシュビッツ第一強制収容所は管理本部をかねた中央収容所で、第二収容所はビルケナウに、第三収容所がモノビィッツで三九の分所を統合。これら全体で一九四四年には約一四万人の囚人が収容されていましたが、翌年一月二七日、ナチスもついに敗退し、ソ連およびポーランド軍兵士によって重い鉄門が開かれたときには、一〇〇〇人以下の囚人しか残されていなかったといわれています。

そうした大ざっぱな輪郭《りんかく》の説明を受けた後で、私たちはいよいよ「世界最大の戦場」跡《あと》へと、足を踏《ふ》み入れることになりました。

みんなにさようなら

なつかしい父さん、母さん……

青い空が全部紙で、世界じゅうの海が全部インクだったとしても、ぼくの苦しみや、ぼくのまわりでみたことは、とても全部は書きつくせやしないくらいだよ。

収容所《しゅうようじょ》は、林の中の空地にあって、みんな朝早くから森の作業にかりだされる。ぼくの足は血だらけ、だって靴《くつ》がないんだもん。一日じゅう働きつづけで、食べるものもなくて、夜は地べたにねるんだよ（マントもとりあげられちゃったんだ）。

毎晩《まいばん》、よっぱらった兵隊がやってきちゃあ、ぼくたちを木の杖《つえ》でなぐるんだ。ぼくの体も、なぐられたあざの痕《あと》でもう真黒だ、黒焦《くろこ》げの焼けぼっくいみたい。ときどき奴《やつ》らが、生の人参《にんじん》か、砂糖《さとう》きび一本ぐらいなげてよこすんだけど、口惜《くちお》しくて、みじめで。ここじゃ、何か食べものの一かけらのために、みんななぐりあいなんだよ。

おとといは、子供《こども》が二人逃《に》げたんだ。そしたら、みんな一列に並《なら》ばされて、五人目ごとに銃殺《じゅうさつ》されちゃった。ぼくは、五人目にあたらなかったけど、でも、ぼくにはわかるんだ、ぼくももう、生きたまんまでここから出られやしないんだ。だから、みんなに、さよならだよ。やさしかったママ、大好きなパパ、それからかわいい妹たち、ぼくはもう涙《なみだ》がでて……

＊

ナチスに捕《と》らわれた人びとの、死を目前に書き残した遺稿集《いこうしゅう》ともいうべき『血で書かれた言葉』に収録《しゅうろく》されている一篇《ぺん》は、ポーランドの農民の子、一四歳《さい》の少年カイムの最後の手紙です。カイム少年がなんの理由もなく、他のユダヤ人とともに送りこまれた収容所はアウシュビッツではありませんが、鉄条網越《てつじょうもうご》しに投げられ、道に落ちて拾われた紙片《しへん》には、囚人《しゅうじん》たちの悲痛《ひつう》な心情が、少年のみずみずしい感覚でにじんでいます。やがてカイムは虐殺《ぎゃくさつ》され、「ぼくはもう涙がでて……」の後、永遠に空白のままの手紙は、まわりまわって両親のもとに届《とど》けられました。

カイム少年の走り書きは、短い文面ながら、実にたくさんのことを語っています。林の中の収容所と、早朝からの森の作業、それも素足《すあし》で、食物らしいものはほとんど与《あた》えられず、夜は地べたにごろ寝《ね》で、寝ているゆとりもなくなぐられたり蹴られたり。逃亡者《とうぼうしゃ》が出れば、見せしめにつぎつぎと殺される。その選択《せんたく》も、おそろしく気まぐれなものだから、死はほんの紙一重《かみひとえ》の差で、いつ自分の前にやってくるかわからず、したがって少年は「口惜しくて」と歯をくいしばりながらも、絶望的な運命から逃《のが》れるすべのないことを自覚せざるを得ないのです。

カイム少年ばかりでなくて、捕らわれの身として一度、強制収容所の門をくぐった人びとは、おそらくツメの垢《あか》ほども考えられなかったのではないのでしょうか。ここからふたたび自由に外に出られる日のことを。

かつて電流の通じていた鉄条網のバリケードは、ものものしく二重《にじゅう》になっていて、たしかに走り書きの紙片ぐらいは、小石でも包んで放《ほう》ればなんとかなっただろうけど、人間では感電死するだけのことです。もっとも絶望のあまり、有刺鉄線《ゆうしてっせん》にわが身を投げて、最後の〝自由〟を求めた人も、決してすくない数ではなかったとか。

バリケードの内側には、ある一定の間隔《かんかく》をおいて監視塔《かんしとう》があり、柵《さく》に並行《へいこう》に沿《そ》って、はば三メートルほどの砂利道《じゃりみち》がつらなっていました。

「ここは中立地帯と呼《よ》ばれ、一歩でも入った者には、そくざにSS隊の自動小銃《しょうじゅう》が火を噴《ふ》きました」

ガイドの青年の説明です。

だれがいつどんな時に、その危険《きけん》な場所に入るのかを聞きますと、たとえば気に入らぬ囚人がいた場合、SS隊員は彼《かれ》の帽子《ぼうし》をわざと柵に投げ、取ってこいと命じる。砂利道に入れば監

収容所に張り巡らされている有刺鉄線。220ボルトの高圧電流が通じていた

視塔の自動小銃でねらい撃ちにされるか、高圧電流にふれるか、そのどちらかしかないわけで、立ちすくんだままでいれば「命令違反《いはん》」を口実にその場で射殺《しゃさつ》される——どっちに転んでも結果は同じという説明は、SS隊員の気まぐれによる殺人が、もはや日常《にちじょう》茶《さ》飯《はん》事《じ》になっていたことを証明してくれます。

SS隊員は、脱走《だっそう》を試みもしくは計画していた囚人を射殺すると、休暇《きゅうか》褒賞《ほうしょう》がもらえましたので、賞欲《ほ》しさに目がくらみ、その気のない者や面《おも》白《しろ》からぬ者をなぶり殺しにする例がめずらしくありませんでした。囚人たちは連日ぞくぞくと運ばれてくるのに引きかえ、収容者《しゅうようしゃ》数には一定の限度があり、したがって強制労働による自然淘汰《とうた》を待っているわけにはいかなかったからです。

なお、この場合SSといいますのは、強制収容所を支配し、管理するナチス・ドイツの親衛隊のことで、はじめはヒトラーの身辺を護衛する近衛兵《このえへい》のような役割《やくわり》で誕生《たんじょう》したのでしたが、やがてナチスの最精鋭部隊になり、ヒトラーの片腕《かたうで》ともいわれたハインリッヒ・ヒムラーが司令長官で、悪名高いゲシュタポ（秘密《ひみつ》国家警察《けいさつ》）もヒムラーの指揮下《しきか》にありました。ナチス（略称《りゃくしょう》NSDAP）は正式名称《めいしょう》を「国家社会主義ドイツ労働者党《ろうどうしゃとう》」と訳《やく》すのが正しいかと思いますが、私は「国家」を「国粋《こくすい》」としたほうが日本人にはわかりやすいように思えてなりません。NSDAPをもじってナチス、あるいはナチと簡略化《かんりゃくか》したわけで、一口に社会主義とか労働者党とかいいましても、一般的《いっぱんてき》な通念からは似ても似つかぬ政党《せいとう》もあるもので、ナチスの場合は「反資本主義」「反共産主義」をとなえ、暴力的・専制的《せんせいてき》政治支配政治を根底にしたファシズムであったことは、いまや周知の事実です。

＊　トーマス・マン序、P・マルヴェッツィ、G・ピレリ編、片岡啓治編訳『血で書かれた言葉』（サイマル出版会）

アウシュビッツの役割《やくわり》

さて、そのナチスのゲシュタポやSSの手によって、アウシュビッツ強制収容所《しゅうようじょ》に連行された人びとは、それぞれ言葉もちがい、国籍《こくせき》も年齢《ねんれい》も職業もみなまちまちでしたが、生まれたばかりの赤んぼうから、幼児《ようじ》、老人に至《いた》るまでいささかの特別扱《あつか》いもなく、そのほとんどが収容所についたとたんか、あるいはしばらくするうちに死の闇《やみ》に引きこまれていきました。

なぜ死ななければならなかったか。理由めいたものを、あえてあげるとすれば、彼《かれ》らがユダヤ人であったり、ポーランド人であったり、ソ連人戦争捕虜《ほりょ》であり、またはロマ族（ジプシー）、さらにナチスの政策《せいさく》に批判的《ひはんてき》、非協力的であったり抵抗《ていこう》したりした人びと、共産主義者、社会主義者はもちろんのこと自由主義者もふくめ、あるいはたまたまゲシュタポの狩《か》りこみ中に近くを歩いていたという理由だけでも、十把《じっぱ》ひとからげに捕《と》らえられ収容所送りの対象とされました。主として青少年と男性が多かったのは、ナチスは被占領国《ひせんりょうこく》における〝働き手〟を、みな潜在的《せんざいてき》な敵対者と見なしていたからです。

アウシュビッツが、巨大《きょだい》な胃袋《いぶくろ》の中に呑《の》みこんだそれらの人びとの詳細《しょうさい》は、SSによってほとんど完璧《かんぺき》なまでに焼却《しょうきゃく》され、消滅《しょうめつ》されてしまったのですが、わずかに残された書類や資料によって世界二九カ国からの囚人《しゅうじん》たちが〝通り過ぎていった〟ことが判明、それが最初の建物に入ってすぐの「国際ホール」に、死者たちに捧《ささ》げる各国の国旗の数で示されています。

ABCの順にならべますと、アメリカ、オーストリア、イギリス、ベルギー、ブルガリア、中国（記録では一人）、チェコスロバキア、オランダ、エジプト、フランス、ギリシャ、ドイツ、ハンガリー、イタリア、ユーゴスラビア、ノルウェー、ペルシャ、ポーランド、ソビエト、ルーマニア、スペイン、スイス、トルコ……書き出していったらきりがないほどで、ナチスが侵《しん》略《りゃく》した国と、それらの国に関係したありとあらゆる人びとが、おそろしく遠方から、何日もかかって移送されてきたことになります。

「ないのは、日本の旗ぐらいですね」

私たちの一行の小学生が、はじけたような目でいいましたが、まったくその通りで、ことあろうにそのナチス・ドイツと軍事的な防共協定を結んだ日本軍国主義の罪悪が、あらためて思い知らされ、まるで奥歯《おくば》にものがはさまったような不快感として残ります。私たちがもし純粋《じゅんすい》な第三者でしたら、これから先の〝地獄《じごく》めぐり〟も少しは気が軽くなるのでしょうが。

……

ホールには、壁《かべ》ぎわにぎっしりと並《なら》んで掲《かか》げられた色とりどりの各国国旗の先に、犠牲者《ぎせいしゃ》たちの灰《はい》の詰《つ》まったガラス壷《つぼ》がありました。

骨《ほね》ではありません。灰、とガイドの青年がたしかにそういいます。

人間の灰?

骨はこれまでに何度か、葬儀《そうぎ》の際のいわゆるお骨拾《こつひろ》いとやらで火葬場《かそうば》で見たことがありますが、灰というのははじめてで、肉体を燃焼《ねんしょう》した後に残ったものでしょうか。骨とちがって、さらさらとした重力のない感じの微粒子《びりゅうし》で、米ヌカのような淡《あわ》い色調でした。色が残っているだけに、かえってなまなましく胸《むね》に迫《せま》ってくるのです。黒い大理石の台座《だいざ》には、花束で被《おお》われたところに1940—1945の数字が刻《きざ》みこまれ、この六年間にここで行われたすべてを、無言のうちに訴《うった》えつづけているようです。

ナチ統治下の強制収容所が、どのような課題を持ち、これをどう遂行《すいこう》したかということでは、ごく大ざっぱにしぼれば次の五点につきると、ガイドの青年がいいます。

①全ヨーロッパの被占領諸国民《ひせんりょうしょこくみん》の抵抗意欲《いよく》の粉砕《ふんさい》を目ざすテロの道具としての役割
②大規模《だいきぼ》な奴隷《どれい》労働センターとしての役割
③人間に対する犯罪的な生体実験の場所としての役割
④特定の民族集団およびいくつかの国民の生物学的絶滅《ぜつめつ》の場所としての役割

⑤殺戮《さつりく》された人びとの残した所有物の略奪《りゃくだつ》にもとづく巨大な利益の源泉《げんせん》としての役割

アウシュビッツでは、以上の「役割」のすべてがフル回転していたにもかかわらず、特に最後の二点に関していえば史上空前の規模《きぼ》に達した——という説明は、人間の灰の壷を網膜《もうまく》に焼きつけた後だけに、いかにも重苦しく耳に響《ひび》き、私たちはそれを順次視覚的《しかくてき》にとらえていくわけなのですが、次の展示室《てんじしつ》に掲げられた何枚《なんまい》かのパネルは、アウシュビッツへの第一の関門といえそうです。

鉄道線路と、輸送用貨車から吐《は》き出された人の群れが、黒々とぎっしりと……。真冬らしく着ぶくれした群衆《ぐんしゅう》は、手にトランクをさげたり、ズダ袋《ぶくろ》のようなものを背負《せお》ったり、赤んぼうを胸にかかえた人から、重そうな荷物を引きずった子どもたちまで、ホームいっぱいに溢《あふ》れています。貨車の扉《とびら》にもたれて、頭を両手でかかえ、うずくまった人から、杖《つえ》にもたれた白髪の老人まで、みな表情は一様に暗く鋭《するど》く、恐怖《きょうふ》と緊張《きんちょう》におびえて目だけが異様《いよう》に光っています。

人びとの中に上衣の胸や襟にかなりの大きさの星印がついているのは、いわゆる「ダビデの星」で、これがユダヤ人であることの証明です。ユダヤ人は強制的に、この星印を胸につけることを義務づけられていたのでした。

群衆を前にして、ホームの端《はし》に両足を開いて立つのはSS隊員たちです。庇《ひさし》のぴんと張った正規帽《ぼう》もいれば略帽もいて、略帽のほうには肩《かた》に自動小銃《しょうじゅう》がきらりと光り、正規帽のほうにパイプをくわえた者もいたりするのを見ますと、将校《しょうこう》と兵とのちがいがあきらかです。

群衆の最前列は、親子なのでしょうか。白っぽいコート姿《すがた》の女と、やけに肩の張った厚手のオーバーを着た男とのその間に、ベレー帽かあるいは毛糸の帽子《ぼうし》をかぶった中学生くらいの少年がいて、少年も女もホールドアップ式に両手を上げ後頭部にあてがっていました。妻らしい女の横に、もう一人背《せ》のずんぐりとした年配の女性が放心したように立っており、その左側には、子どもの手を引いた女が、片手《かたて》に大荷物をかかえて、すがりつく子どもになにかいっている様子。横向きの顔でした。

パネルの下にある文字は、「ビルケナウの〝死の門〟を入った人たち。一九四四年」と読めます。

この人たちは、どこの国から、何日かかって貨車に揺《ゆ》られてきたことだろう。貨車の中で、水や食物はどうなっていたのだろう。そして、この写真が撮《うつ》された後、どんな運命をたどったことか。

小さな子づれの母親や、一家らしい夫婦《ふうふ》子どもたちなどを見ますと、つい東京に残してきたわが子たちの顔が思い出され、これがもし私だったら……と考えてしまうのです。

もし、私だったら。……

輸送されてきた人たち

「とうとう……」

いま息を引きとったばかりの愛妻のまぶたを閉《と》じながら、その夫は嘆息《たんそく》した。

「神さま、いつまで待つのでしょう？」

一人の母親が、死にかけている十八歳《さい》の娘《むすめ》の上にかがみこみながら叫《さけ》んだ。

それはこの果て知れぬ旅の五日目、あるいは六日目であったろうか。家畜車《かちくしゃ》は屠殺場《とさつじょう》となった。死者に対する哀悼《あいとう》の祈《いの》りは、窒息《ちっそく》しそうな空気の中で、ますます高まっていった。しかし、ＳＳは死者の埋葬《まいそう》はもちろん、車外への持ち出しも許さなかったので、私たちは死体のただ中で生きなくてはならなかった。死体も伝染病患者《でんせんびょうかんじゃ》も内臓疾患《ないぞうしっかん》のものも、渇《かつ》えたもの、飢《う》えたものも、狂人《きょうじん》も、みないっしょくたになって、木製の貨車にゆられながら旅をつづけなければならなかった。七日目、私の友人のオリーが毒薬で自殺をはかった。*

貨車で移送されるユダヤ人

『アウシュヴィッツの五本の煙突《えんとつ》』は、捕《と》らわれの身として家族もろとも絶滅《ぜつめつ》強制収容所《しゅうようじょ》に送りこまれた女医のオルガ・レンゲルの感動的なノンフィクションですが、ハンガリー領のトランシルバニアの町から、アウシュビッツまで移送される貨車の旅は八日間かかったと記録されています。

一台に馬八頭を収容《しゅうよう》していた家畜用運搬車《かちくよううんぱんしゃ》には老若男女《ろうにゃくなんにょ》を問わず、平均一〇〇人からの人間がすし詰《づ》めにされたとのこと。レンゲルの同乗した車両《しゃりょう》には九六人。ドアは外側からがちゃりと錠前で閉ざされ、屋根に近いところに小窓が一つだけついていて、やがてこの窓は排泄物を捨てるために活用されることになります。気をきかした母親の中で、子ども用のおまるを持参した人がいたからです。貨車の一隅《いちぐう》だけ毛布をカーテン代わりに用いて仕切りをつけ、簡易《かんい》トイレとしましたが、トイレ以外はラッシュ並《な》みの空間で、半数からの人はすわる余地さえもありません。食物の一かけらも水一《ひと》滴《しずく》もなしに輸送車は走り続け、たまたまSSの護衛隊長とのヤミ交渉《こうしょう》で、宝石《ほうせき》と引きかえにバケツ一杯《いっぱい》の水をもらえたのが、やっとのことでした。しかし、からからにひからびた人九六人に、バケツ一杯の水では、一人当たりにしたら、どういうことになるのでしょうか。

やがて密室《みっしつ》の中で、つぎつぎと倒《たお》れる人が続出してきて、ショウコウ熱が伝染《でんせん》しはじめ、死体から発散する腐臭《ふしゅう》と、呻《うめ》き声や嘆《なげ》き声が閉ざされた闇《やみ》の中に反響《はんきょう》し、輸送車はレンゲルの表現を借りれば、さながら地獄《じごく》の旅の「霊柩《れいきゅう》列車」と変貌《へんぼう》したのでした。

死体の数がつぎつぎと増えても、車外へ持ち出すことはできません。途中《とちゅう》で小休止した停車場で、ホームにいたSS隊員に訴《うった》えますと、

「そのままにしとけよ。これから、もっともっと死んでいくのさ」

と薄笑《うすわら》いを浮《う》かべての返事に、最初の衝撃《しょうげき》を受けたレンゲルも、しばらくするうち、どうにでもなれといった気持ちで次第《しだい》に無感覚になっていきます。

ひょっとすると、この密閉《みっぺい》された錆《さび》だらけの小空間こそ、やがて到着する絶滅強制収容所そのものの象徴《しょうちょう》であったかもしれません。貨車についていた換気用《かんきよう》の小窓には、逃亡《とうぼう》を防ぐ鉄《てつ》格子《ごうし》が厳重《げんじゅう》に打ちつけてありましたし、どの車両にも一名ずつの責任者が任命され、万が一どのような方法でか逃亡者《とうぼうしゃ》が出れば、責任者はただちに銃殺されるとのこと。しかし、想像を絶する極限状態の中で、ある貨車ではついに同乗者の排泄物のまわし飲みさえ行われたとなる

と、生命を維持《いじ》することだけがせいいっぱいで、逃亡の気力さえ持ち得なかったのではないでしょうか。事実、ようやく列車の揺《ゆ》れが停止して、終着駅にたどりついたところが、「死者が二五パーセント含《ふく》まれているのが普通《ふつう》」(『ゲシュタポ・狂気《きょうき》の歴史』)とは、まさしく「霊柩列車」そのものの現実を語りつくしているとしかいいようがありません。

人間を生理学的にぎりぎりの状態に追いつめることによって、その心身を人間以下のケダモノに引《ひ》き戻《もど》すナチスの悪魔的《あくまてき》な試みは、すでに移送の段階《だんかい》から開始された、と見ることができます。しかし、貨車は走り続けるかぎりいつかは停止するわけで、その先なにが待ちかまえているかはわからないにせよ、今よりひどいことはあるまいと、だれしも考えたにちがいないのです。

オルガ・レンゲルをはじめ、その家族も、おなじ車両の密封《みっぷう》された空間内の人びとはもちろんのこと、自分たちがどこへ連れて行かれてなにをするのかについて、たしかな情報はゼロでした。積み上げられたトランクやリュックサックや日用品の大荷物などの隙間《すきま》から、かろうじて見ることのできる小窓の、その鉄格子越《ご》しの空に夜と昼とをたしかめながら、たぶんヨーロッパのどこかにナチスの軍需《ぐんじゅ》工場か労働キャンプでもあって、男たちはそこで強制労働をすることになろう……くらいの想像をはたらかすのが、せいいっぱいだったかと思います。とすると家族は引《ひ》き離《はな》されずにすむわけで、老人や病人、子どもたちは、おそらく畑仕事でもさせられるのではないか。……だれもが考えるごく常識的なイメージではないでしょうか。

もし私が家族もろとも捕らえられて、この地獄の旅の中にいたとすれば、たとえどんなにつらくても、みなが離《はな》ればなれにさせられることを、最悪の事態と考えたことでしょうから。

終着駅のアウシュビッツでは、そうした最悪の事態を望まぬ人がいれば、SSは表向きはものわかりよくうなずき、切《き》り離《はな》されていった小グループよりもはるかに多い群衆《ぐんしゅう》の一団の中へ行くことを認《みと》めてくれましたが、その先には人びとの想像を超《こ》える「最終的解決」が待ちかまえていたのです。

「知る人のすくないこのオシフィンチムの荒地《あれち》が、なぜ強制収容所にえらばれたかといいますと……」

ガイドの青年の声が、私の思いをさえぎって耳に響《ひび》きました。

「常に濃霧《のうむ》が立ちこめて、めったに人も近よらず、厳重な秘密《ひみつ》が保てることも立地条件としてのメリットでしたが、それと同時に六〇キロほど離れた町クラクフが、全ヨーロッパの中心部に近く、ヨーロッパのすべての鉄道はここへ集中し、オシフィンチムは実に四つの鉄道の分岐《ぶんき》点《てん》でもありました」

「何日もかかって貨車で揺られてきた人たちは、ほとんど生と死のスレスレの状態だったでしょうね」

「イエス。ごく一握《ひとにぎ》りの人びとを除《のぞ》いて、すぐ安息が与《あた》えられました。永遠の安息が……」

「……」

青年のしなやかな右手が棒《ぼう》のように伸《の》びて、私の目を吸《す》いつけ、壁《かべ》にかかった一枚《いちまい》の表の上部でぴたりと停止しました。

「ごらんください、この表を」

家畜用運搬車でアウシュビッツへ移送されてきた人びとが、到着したとたんにどのような運命をたどったかをあきらかにする資料の一つだということですが、数字の根拠《こんきょ》は鉄道乗車券、囚人《しゅうじん》輸送リスト、アウシュビッツ第二（ビルケナウ）男性収容所検疫《けんえき》リストなどを基礎にし、さらに個人別囚人表、第二ブロック地下牢《ちかろう》記録、その他収容所の報告や文書と照合しながら作成されたとのこと。数字の中に一部イタリック体（斜体《しゃたい》）が見受けられますが（たとえば項目《こうもく》4の下の最上段《さいじょうだん》に）、この部分にかぎっては鉄道乗車券にもとづく計算を基礎にして、同輸送で収容所へ到着し収容者となった人びとの証言をあわせ推定したもの、と添え書きにあります。SSは、貨車で移送されてきた人びとの記録らしいものはなにも残しませんでしたので（それでも人びとをあざむくために鉄道キップは発行したらしい）、ギリシャから送られてきた人たちだけのある一時期のものでしかないにせよ、この一枚のグラフから、絶滅センターとしてのアウシュビッツの役割《やくわり》を認識《にんしき》することができます。

表の読み方をききましたところ、最上段のかこみの中の項目は、1順序、2到着日時、3出発地点、4輸送人数、5収容された男性の番号、6収容された男性数、7収容された女性の番号、8収容された女性数、9収容された男女の総数、10ガス室で殺された人数、となります。

では、この項目に沿《そ》って順序1を見ることにしますと、一九四三年三月二〇日に、サロニカ（ギリシャの町）から二八〇〇人を乗せた貨車が到着し、そのうちひとまず生きのびて収容者となった男性は四一七名、女性は一九二名で計六〇九名。残りの二一九一名はガス室で殺された！

生き残ったのは、五人弱に一人ということになります。

ギリシャから連行され、アウシュビッツ強制収容所へ収容された人数とガス室で殺された人数

1	2	3	4	5	6	7	8	9	10
順序	到着日時	出発地点	輸送人数	収容された男性の番号	収容された男性数	収容された女性の番号	収容された女性数	収容された男女の総数	ガス室で殺された人数
1	1943年3月20日	サロニカ	*2800*	109371-109787	417	38721-38912	192	609	*2191*

2	3月24日	〃	*2800*	109896-110479	584	38962-39191	230	814	*1986*
3	3月25日	〃	1901	110483-110941	459	39193-39428	236	695	1206
4	3月30日	〃	2501	111147-111458	312	39623-39763	141	453	2248
5	4月3日	〃	2800	112307-112640	334	39964-40221	258	592	2208
6	4月9日	〃	2500	112974-113291	318	40280-40440	161	479	2021
7	4月10日	〃	*2750*	114094-114630	537	40537-40782	246	783	*1967*
8	4月13日	〃	*2800*	114875-115374	500	40814-41204	364	864	*1936*
9	4月17日	〃	*3000*	115848-116314	467	41354-41615	262	729	*2271*
10	4月18日	〃	2501	116317-116676	360	41616-41860	245	605	1896
11	4月22日	〃	2800	117199-117453	255	42038-42450	413	668	3132
12	4月26日	〃	2700	118425-118869	445	42882-43074	193	638	2062
13	4月28日	〃	3070	118888-119067	180	43132-43483	361	541	2529
14	5月4日	〃	2930	119781-120090	220	43779-44096	318	538	2392
15	5月7日	〃	*1000*	― ―	―	44259-44326	68	68	*932*
16	5月8日	〃	2500	120650-121217	568	44380-44626	248	815	1685
17	5月16日	〃	*4500*	121910-122375	466	44934-45144	211	677	*3823*
18	6月18日	〃	*880*	124325-124544	220	45995-46082	88	308	572
19	8月18日	〃	*1800*	136919-137189	271	― ―	―	271	*1529*
20	1944年4月11日	アテネ	*1500*	182440-182789	320	番号不明	*113*	*433*	*1062*
21	6月30日	アテネ、ユルフ島	*2000*	A15229-A15674	446	A8282-A8412	131	577	*1423*
22	8月16日	ロードス島	*2500*	B7159-B7504	346	A24215-A24468	254	600	*1900*
合計			54533		8025			12757	41776

（注）＊この表の作者が、鉄道の乗車券、囚人輸送リスト、第２アウシュビッツ（ビルケナウ）男性収容所検疫リストを基礎として、個人別囚人表、1943年８月21日にガス室での死に選び出された女性囚人リスト、第２ブロック地下牢記録、その他の収容所の報告や文書と照合して作成したもの。

＊斜体（イタリック）は、鉄道乗車券にもとづく計算によって、または収容所へのその輸送で到着した囚人の証言によって、推定した到着人数を示す。

順序1から19までで、もっとも集中的にサロニカからの人びとが移送されてきましたのは、三月から五月までの三ヵ月間で、したがってこの表のほとんどはサロニカ在住のユダヤ人といってよいかと思いますが、順序22までを合計しますと、五万四五三三名が移送されてきて、男女あわせ一万二七五七名がひとまず生き残って収容され、残りの四万一七七六名がただちにその生命を奪《うば》われた冷厳《れいげん》な事実を、一枚のグラフは静かに語りつづけるのです。

私のほおはこわばり、肩《かた》の骨《ほね》がきくんと鳴って、その後二本の足が急に重みを増したようでした。まるで鉛《なまり》の棒のように。……

＊　オルガ・レンゲル著、金森誠也訳『アウシュヴィッツの五本の煙突』（筑摩書房）

選別をされてガス室へ！

選別——家畜用運搬車《かちくよううんぱんしゃ》で移送されてきた人びとを、ＳＳの医師、将校《しょうこう》たちが、一瞥《いちべつ》でそくざに左右に分けることをいいます。いかにも体格よく健康そうで、強制労働に耐《た》えられそうな者は収容所《しゅうようじょ》へ送られ、残された者たちは（八割《わり》がたはそうだったのだが）一団となってガス室へ。

もちろんこの段階《だんかい》では、左右の道の果てに待ちかまえているものを予測できた人は絶無でしたから、少数グループに入れられて目立つよりも、むしろ大勢いる側につけられたことで、本能的な安堵《あんど》を覚え、ほっと胸《むね》をなでおろした人が多かったのではないのでしょうか。収容所ができてまもない頃《ころ》には、子どもたちを対象にして一・二メートルの高さに棒《ぼう》を渡《わた》したこともありました。その棒の下をくぐり抜《ぬ》けることのできた子どもは、そろって右の列へ。原則として一四歳《さい》以下の子どもと、五〇歳以上の男女は右へ。赤んぼうを抱いた母親や、妊婦《にんぷ》、身体の不自由な者や病人は右へ。

すでに肌身離《はだみはな》さず引きずってきた荷物と持物の大半は、途中《とちゅう》で息絶えた犠牲者《ぎせいしゃ》とともに、貨車の中に放置していくことを命じられ、これでかすかな幻想《げんそう》も打ちくだかれました。人びとは疲労《ひろう》と絶望と混乱《こんらん》とに、おそらく夢遊病者のようにふらふらとよろめきながら、四、五列の隊列で、右手の人差指をせわしなく左右に示すSSの医師や将校の前を歩いたことでしょう。

選別にあたるSSはよほど音楽好きらしく、たいてい各国の演奏家《えんそうか》出身の囚人《しゅうじん》による〝アウシュビッツ・オーケストラ〟の伴奏《ばんそう》に合わせて、リズムよく行われ、水を求める者には「この後すぐに」と答え、熱にうなされてあえいでいる者には「医者が待っている」といい、さらに娘《むすめ》が年老いた母親のめんどうを見たいと訴《うった》えれば「ではご一緒《いっしょ》に」と、ものわかりよく紳士的《しんしてき》にうなずいて、いずれも右の大勢の列につくようにうながしました。

しかし、リズムに乗っていくこともできず、無意識にせよ、また意識的にせよ、列から一歩でも離《はな》れかけた者は、容赦《ようしゃ》なく打ちのめされ、SS隊員の腰《こし》の拳銃《けんじゅう》が、そくざに火を噴《ふ》くこともありました。

この選別で、母と姉妹のうしろ姿《すがた》を見送り、「母は、妹を保護しようとしているかのように、妹の金髪《きんぱつ》を撫《な》でさすっ」て行くのを永遠に心に刻《きざ》みこんだ作家に、当時一五歳だったエリ・ヴィーゼルがいます。ヴィーゼルはオルガ・レンゲルとおなじトランシルバニア出のユダヤ人で、一九四四年のあつい盛《さか》りに父母、姉妹の五人家族もろともアウシュビッツに移送され、囚人から耳うちされて年齢《ねんれい》を一八歳と偽《いつわ》り、父とともに少数派《しょうすうは》の列へならぶことができたのでした。

やがて左の列はゆっくりと動き出し、歩いていくうちに、前方の一カ所から赤い焔《ほのお》が燃えあがっているのを、ヴィーゼルは見ることになります。大地に掘《ほ》られた穴《あな》のふちに接近した一台のトラックが、今しも焔の中に積荷をバラバラ投《な》げ捨《す》てているところ。それがよく見ると、赤子と幼児《ようじ》たちなのです。それらの肉体が「押《お》し黙《だま》った蒼穹《そうきゅう》のもとで、渦巻《うずま》きに転形して立ちのぼってゆくのを」見、自分たちもまたその焔の中に向かってゆくのだと思いつめた少年は、とっさに電流の通じた有刺《ゆうし》鉄線に身を投げる覚悟《かくご》を決めるのですが、隊列は穴すれすれのところで左折して、収容所の建物の中へと吸《す》いこまれていく。ヴィーゼルの代表作ともいうべき記録文学『夜』の、戦慄《せんりつ》すべき冒頭《ぼうとう》の場面です。それからヴィーゼルは、泣くのも「涙《なみだ》がもったいない」ような日々を送ることになり、やがて父も失って、一年後に解放の朝をむかえたときには、一人きりになっていました。

しかし、ここでSSの選別の後、妹の金髪を撫でさすりながら右の列へ遠ざかっていったヴィーゼルの母たちと、大勢の人たちにも、目を向けて見たいと思います。

一同はSSから、新生活に入るために諸規則《しょきそく》にしたがうことを念入りに訓辞され、そのためにまずシャワーを浴びて旅の疲《つか》れを取り、清潔な着がえを——といわれれば格別異論《いろん》の出ようはずもなく、むしろ自発的に、プラットホームのはずれの四角い煙突《えんとつ》をそなえた赤レンガの建物へと吸いよせられていったのでした。ビルケナウには、鉄道引《ひ》き込《こ》み線のホームに面した両側にそれぞれガス室つきの第二、第三焼却炉群《しょうきゃくろ》があり、少し離れて没収品《ぼっしゅう》倉庫をへだてた裏《うら》に、やや小型の第四、第五ガス室ならびに焼却炉群がありました。

人びとは不安に脅《おび》えつつ、地下へ通じる道を進みます。

SSの指示で誘導《ゆうどう》される地下道の正面に、「浴室」(「消毒室」という説もある)と各国語で書かれた重い鉄扉《てつとびら》が開いていて、中に入りますと、ここはたしかに浴室らしく、脱衣所《だついじょ》の両側にはベンチが置かれ、衣類かけや脱衣かごなども用意してあります。衣服を脱《ぬ》ぎ、帽子《ぼうし》、靴《くつ》も脱いで貴重品《きちょうひん》をあずけ、かわりにチケットをもらう。時には用意周到《よういしゅうとう》にも、白衣姿《はくいすがた》の「浴場長」が一同にまがいものの石けんとタオルを配給するような、大ドラマが仕組まれたこともあったとか。

しかし、これで人びとの不安が完全に除去《じょきょう》されたわけでなく、身につけていたものをすべてはがせば、まったくの無防備の状態になるわけですし、浴室とはいいながら、かすかに鼻をつく異臭《いしゅう》に不吉《ふきつ》な予感を持ち、抱いていた赤子をとっさに衣類の下へかくす母親もいないではありませんでした。そのために、囚人たちからなる特殊《とくしゅ》部隊員が脱衣をせかせ、手伝い、SSは最後に衣類の下にも目をくばって、たまたま発見した子どもたちは母親の手にもどし、「それ、急げ急げ!」で、子どもを先頭に、女、男の順に「大浴室」へ追い立てました。

それでもまだ不安に脅え、引きかえそうとする者も出ますので、数名の特殊部隊員とSS隊員一名がこれをなだめ、一緒に室内までつきそうというぬかりのなさ。やがて彼《かれ》らは身をひるがえし、それまでの仮面をかなぐり捨《す》てたSSは、列の後尾《こうび》にぐずぐずしている者を追い立て、軍用犬に棍棒《こんぼう》、ピストルでどやしながら、衣類の下から発見された一人二人の子どもたちは、大人たちの頭上に放《ほう》りこみ、一回あたり約二〇〇〇人の群衆《ぐんしゅう》がさながらカンヅメ状態になったところで、鉄扉がかたく閉《と》ざされ、外側から閂《かんぬき》がかけられました。

やがて、立錐《りっすい》の余地なく立ちつくした人びとの頭上に、チクロンBの猛毒《もうどく》ガスが放出され、とたんに鉄扉に体当たりする無数の肉体の鈍《にぶ》い衝撃音《しょうげきおん》と、絶叫《ぜっきょう》とが。……

「せめて、せめて、この子だけでも、生かしてやって！」

もちろん鉄扉はビクともせず、ガス室内が完全な沈黙《ちんもく》に変わるまで、二度とふたたび開くことはありませんでした。

チクロンBは「ドイツ害虫駆除《くじょ》協会」の製品ですが、青酸塩の水化物をもとにした破壊的《はかいてき》な効果を持つ毒ガスで、最初のうちは配給元の「テイシュ・ウント・スタベナウ商会」の係員だけが消毒係として出張し、管理と使用にあたっていましたが、そのうち、SSの衛生兵がガス使用の前面に立つことになったのでした。

猛毒《もうどく》ガス、チクロンB

天候の具合、乾湿《かんしつ》や寒暖《かんだん》の度合い、ガス発生の状況《じょうきょう》（いつも同じとはいかなかった）、また、移送者の組成、健康者が多いか、老人や病人、子供《こども》が多いかなどにより、ガスの効果が発するのに五分から一〇分までくらいの差がある。投入孔《こう》からの距離《きょり》に応じて、数分以内に失神が始まる。叫《さけ》び立てる者、老人、病人、虚弱《きょじゃく》な者、子供は、健康な者、若《わか》い者よりも早く死ぬ。

……ドアの覗《のぞ》き穴《あな》から観察していると、投入孔のすぐそばに立っている者がたちまち死んで倒《たお》れるのが見える。三分の一は即死《そくし》する、といってもいいだろう。残る者は、よろめき、叫び、空気を求めてあがき始める。しかし、叫びはほどなく喉《のど》の鳴る音にかわり、数分のうちに全員が倒れる。おそくも、二〇分後には、もう一人として身動きする者もない。*

アウシュビッツ強制収容所《しゅうようじょ》の第一代司令官だったルドルフ・ヘスが、その告白遺録『アウ

大量殺人に使用された毒ガス、チクロンB。この一缶で400人を殺すことができた

シュヴィッツ収容所』の中に書きとめた凄絶《せいぜつ》な情景は、囚人《しゅうじん》として一度入ったら最後生きて出ることのできなかったガス室内の人びとの姿《すがた》を、まことにリアルにとらえています。というのは、ドアの「覗き穴」から断末魔《だんまつま》の光景を刻々《こっこく》と知ることができたわけで、それを平然と見ていられた神経にも驚《おどろ》きますが、しかしヘスが記述した中に、他《ほか》の文献《ぶんけん》と比較すると若干《じゃっかん》のくいちがいが見られるのです。二〇分後には、一人も身動きする者がなかったというのですが、オルガ・レンゲルの『アウシュヴィッツの五本の煙突《えんとつ》』によれ

ば、破滅的《はめつてき》効果を持つといわれるチクロンBも、SSが薬の使用を節約することがあったがために、「しばしば生き残る者がいた」が、「まだ息をしている死にそこないの犠牲者《ぎせいしゃ》を火葬場《かそうば》に運び、炉《ろ》の中に投げこんでしまう」場合もあったとのこと。

しかし、ヘスが目撃《もくげき》した通り、ひょっとすると、幼《おさな》い子どもたちは、だれよりも早く死んだかもしれません。

「この子だけでも、生かしてやって！」と絶叫《ぜっきょう》した母親は、もはやこれが最後と知れば、わが子とともに一刻《いっこく》も早くこの世の地獄《じごく》から逃《のが》れる道を選び、もっと息を深く、と悲痛《ひつう》な声をふりしぼったかも。……これは私の想像です。作家的なというよりも、父親としての親心からの推測《すいそく》です。

そして、三〇分後。

換気装置《かんきそうち》が作動し、もう一方のドアが開かれ、ガスマスクと防護服姿の囚人たちによる特別作業班《ゾンダー・コマンド》が、ホースとかぎ竿《ざお》を手に手に入ります。押《お》し合いへし合いからみあっている死体の隙間《すきま》にかぎ竿《ざお》を突《つ》き入れ引きはがし、死体の上に這《は》い上がりかけた死体を引きずり落とし、あるいはうずくまっている死体を引きずってきて、ホースの水で血や汚物《おぶつ》を洗浄《せんじょう》して、一体ずつ運び出すのですが、これは決してかんたんな作業ではありません。

玄武岩柱《げんぶがんちゅう》のごとく死人は部屋の中に押しあって並《なら》んで屹立《きつりつ》していた。倒れたり傾《かたむ》いたりするのさえ、余地がなかったのであろう。死んでもなお、家族同士を識別することができた。彼《かれ》らは瀕死《ひんし》の痙攣《けいれん》状態にありながらも、手を握《にぎ》りあっていたので、次の一団を入れるために、部屋を空けようとして、彼らをもぎ離《はな》すのに骨《ほね》が折れるほどだった。死体が——汗《あせ》と尿《にょう》にぬれ、便に汚《よご》れ、脚《あし》の間に月経の血をつけた死体が投げ出された。子供の死体は宙《ちゅう》を飛んだ。時間がないので、ウクライナ人の乗馬鞭《むち》が労役《ろうえき》部隊の上でビュウビュウうなった。二十人余りの歯科医が鈎《かぎ》で口をこじ開け、金歯を探《さが》した。右の金歯をさらに左の金歯を探した。他の歯医者たちは、ペンチやハンマーで金歯や金冠《きんかん》を顎《あご》からはずした。あらゆる場所をヴィルト隊長がとび廻《まわ》った。彼は得意満面だった。——数人の労役者は、金やダイヤモンドや宝石《ほうせき》を隠《かく》していないかと（死体の）陰部《いんぶ》や肛門《こうもん》までしらべていた。＊＊

まるで地獄のハイエナのような証言は、アウシュビッツからそれほど遠くない場所にあるベルチェック強制収容所のSS隊員で、保健局消毒用ガス部長でもあったクルト・ゲルシュタインの報告（『ナチス・ドキュメント』）ですが、このようなガス毒殺装置つきの絶滅《ぜつめつ》収容所は他にもヘルムノ、ソビボール、トレブリンカ、マイダネック、ルブリン、クルムホーフなど何カ所もありました。アウシュビッツもまたこの殺害プロセスはなんら変わることなく、死体から金歯、入れ歯がまっ先に抜《ぬ》かれ、ありとあらゆるところまで点検されて宝石、貴金属《ききんぞく》の類《たぐい》が物色された後、女は頭髪《とうはつ》までつけ根から断《た》ち切られます。それこそ無一物になった死体は、赤子も幼児《ようじ》も、男も女も老人も、つぎつぎと昇降機《しょうこうき》に乗せられ、上の階の焼却炉《しょうきゃくろ》へと運びこまれるのでした。

ビルケナウの焼却炉群はエルフルトのトプフ・ゼーネ社の最新鋭《さいしんえい》製作品で、大きく四つのパートに分かれていました。合計すると一二〇ヵ所の焼却炉があって、それは一回に三死体を処《しょ》理《り》でき、所要時間は三〇分。一回あて三六〇体を灰《はい》にすることができるわけで、一時間なら七二〇体、昼夜絶えまなしの二四時間フル回転で計一万七二八〇体。ほかにエリ・ヴィーゼルが目撃した子どもたちを焼く外部の「死の溝《みぞ》」で、独自の手工業的焼却能力により日に約八〇〇〇体。あわせて約二万五〇〇〇人からの生命を一日で抹殺《まっさつ》し、煙《けむり》に変える最高能力を、この殺人工場は保持していたわけです。ルドルフ・ヘス自身のごくひかえめな証言によっても、彼がアウシュビッツ収容所司令官になった一九四〇年五月一日から、同四三年一二月一日までの約三年半の在任期間中に、すくなくとも同地で二五〇万人を直接的に抹殺し、ほかにさらに五〇万人が飢餓《きが》と病気で死に、したがって死者数は三〇〇万人をくだることはないとのこと。

もちろんガス室焼却炉つき近代殺人工場は、ヘスが去ってリーベヘンシェルが司令官になった後も、四四年秋まで続行されましたから、やはりアウシュビッツにおける死者の数は、決して大げさとはいえないのかもしれません。

アウシュビッツではまた、これらの死体の脂肪《しぼう》を集めて石けんを、また灰は肥料にするための、あくどい研究と実験が行われました。人体は可能なかぎりまで活用され、ほとんど使い道のなかった骨は骨粉《こつぷん》製造機でこなごなにした上、周囲の沼《ぬま》や池に沈《しず》め、遠くはヴィスワ川にまで投《な》げ込《こ》まれて、虐殺《ぎやくさつ》の痕跡《こんせき》をまったくとどめることなく、すべての処理を終了《しゅうりょう》したのです。

なお、このおそるべき犯罪行為《こうい》にあたるＳＳ隊員は、収容所就任《しゅうにん》の際に、今後いかなることがあろうとも未来永劫《みらいえいごう》にわたって秘密《ひみつ》を厳守《げんしゅ》する旨《むね》の誓約書《せいやくしょ》にサインをさせられ、また死体処理にあたる囚人による特別作業班は、一般《いっぱん》の囚人から完全に隔離《かくり》されて居住し、平均六週間ごとに交替《こうたい》、順ぐりにガス室で整理され、また新しい収容者が作業につくという仕組みでした。

＊　ルドルフ・ヘス著、片岡啓治訳『アウシュヴィッツ収容所』（サイマル出版会）
＊＊　ワルター・ホーファー著、救仁郷繁訳『ナチス・ドキュメント』（ぺりかん社）

ガス室に直行させせられた、子どもたちの遺品《いひん》

それから私たちは、超極秘《ちょうごくひ》だった国家的犯罪のベールを一枚《いちまい》ずつ剥《は》いで、アウシュビッツの中枢部《ちゅうすうぶ》へと分けいって行くわけですが、具体的には囚人《しゅうじん》たちの遺品めぐりということになります。あるいは〝地獄《じごく》めぐり〟とでもいうべきでしょうか。

当時の凄惨《せいさん》な光景をリアルに再現するものとして、石膏《せっこう》で立体的に作られた家畜用運搬車《かちくようううんぱんしゃ》による移送状態と、地下の脱衣所《だついじょ》からガス室に送りこまれた人びとの最後の姿《すがた》、ならびに昇降機《しょうこうき》で焼却炉《しょうきゃくろ》へ運ばれるまでの過程がパノラマ風ミニチュアで紹介されます。ミニチュアとはいえ、その苦悶《くもん》の動きがよく形象化されていて、じっと見ているのがやりきれません。それら犠牲《ぎせい》者《しゃ》たちが、どこの国からきただれかということを示す名簿《めいぼ》らしいものは皆無《かいむ》といってよいのですが、かれらの遺品の山はまさに圧倒的《あっとうてき》な物量で、私たちの前におしかぶさってくるのでした。

これだけはかろうじて記号のような名前のしるされたトランク。そのトランクは、教室くらいの展示室《てんじしつ》にピラミッドのように積まれて、ついで洗面器《せんめんき》の山、歯ブラシの山、ひげ剃《そ》りブラ

シの山、コーヒーカップの山。人びとは人生の終着駅とは夢にも知らず、最小限の日常生活必《ひっ》需品《じゅひん》を持参したのです。さらに靴《くつ》の山、眼鏡の山、義足の山、子どもたちのオモチャからケープ、よだれかけまで。ついで、これらすべての品物のみならず生命まで奪ったチクロンBという毒薬缶《どくやくかん》の山。一キログラム入りの小さな丸缶《まるかん》一つで約四〇〇人を殺す効力があったというただし書き。そして髪《かみ》の毛の山。……

それは最初、一目見た瞬間《しゅんかん》には人間の頭髪《とうはつ》とは思えませんでした。茶系統《けいとう》の毛糸のかたまりでも、堆《うずたか》く積み上げられたように見えました。視界《しかい》にとらえきれぬひろがりで、天井《てんじょう》にまでピラミッド型に累積《るいせき》された山は、ガラス越《ご》しによくよく目を接近させれば、たしかにひとつかみずつの頭髪で、金髪《きんぱつ》も銀髪《ぎんぱつ》も、白髪《しらが》がまじったのもあれば、亜麻色《あまいろ》や栗色《くりいろ》や、なかには黒《くろ》髪《かみ》も、そしておさげ髪のたいそうあどけないものまで。こんな小さな子どもたちまで犠牲《いけにえ》にされたのかという実感が恐怖《きょうふ》となって私の胸《むね》を衝《つ》き、ふいに同じようなおさげ髪のわが家のチビ娘《むすめ》の顔が思い出され、いてもたってもいられないような気持ちになるのでした。見学者の中には、悲鳴とともに入口に立ちすくんだままの女の人もいました。

頭髪も肉体の一部分ですから、もしも私たちとの間を遮断《しゃだん》するガラスがなかったとしたら、これらの女性たちの呪詛《じゅつそ》に満ちた死臭《ししゅう》が迫《せま》ってきたかもしれません。後日談ですが、アウシュビッツの訪問《ほうもん》を終えたあと私たちは東ドイツに向かい、ベルリンの町を散策中《さんさくちゅう》にふとある店のウインドーに金髪が飾《かざ》ってあるのを見て、思わずぎょっとなりました。かつら屋さんだったわけですが、遺品の印象がよほど強烈《きょうれつ》だったものと思えます。

ナチは、これらの頭髪を一体何に使用したのか。ソ連軍がアウシュビッツを解放した時、ビルケナウのガス室、焼却炉をはじめ、通称《つうしょう》カナダと呼《よ》ばれた没収品《ぼっしゅうひん》倉庫など、その大半はSSに爆破《ばくは》されましたので残された品物は一部分でしかないのですが、それでも二二キログラム単位でジャガイモ袋《ぶくろ》に入れられた頭髪の山が発見され、総重量は七トンにも達しました。この袋《ふくろ》を開いた際のソ連軍兵士の驚愕《きょうがく》のほどが察せられます。どのような用途《ようと》に当てられたものかまったく想像さえつかなかったものが、いろいろ調べていくうちに真相が判明してきました。一九四二年八月六日づけの収容所経済行政本部《しゅうようじょけいざい》発行の指令書が、発見されたからです。収容所内で切り取った毛髪《もうはつ》は、「完全に利用し尽《つ》くされるべし」、「男の毛髪は、人工フェルトに加工して網《あみ》に」「女性の切り毛は、潜水艦《せんすいかん》乗組員のスリッパ、国有鉄道職員のフェルトの底に」「回収《かいしゅう》された毛髪の量については、男女別々に毎月五日に報告を作成すべし」と。

ただし男子の頭髪は短すぎて利用度が弱く、やがて女性だけに限定され、スリッパやフェルトの底も過剰気味になったらしく、袋詰《づ》めでドイツの工場に送られ加工されてカーペットや枕《まくら》の詰《つ》めものなどになりました。死体の髪の毛のクッションで、よくぞ悪夢にうなされなかったもの、と感心させられるではありませんか。アウシュビッツだけで囚人たちから刈《か》り取った頭

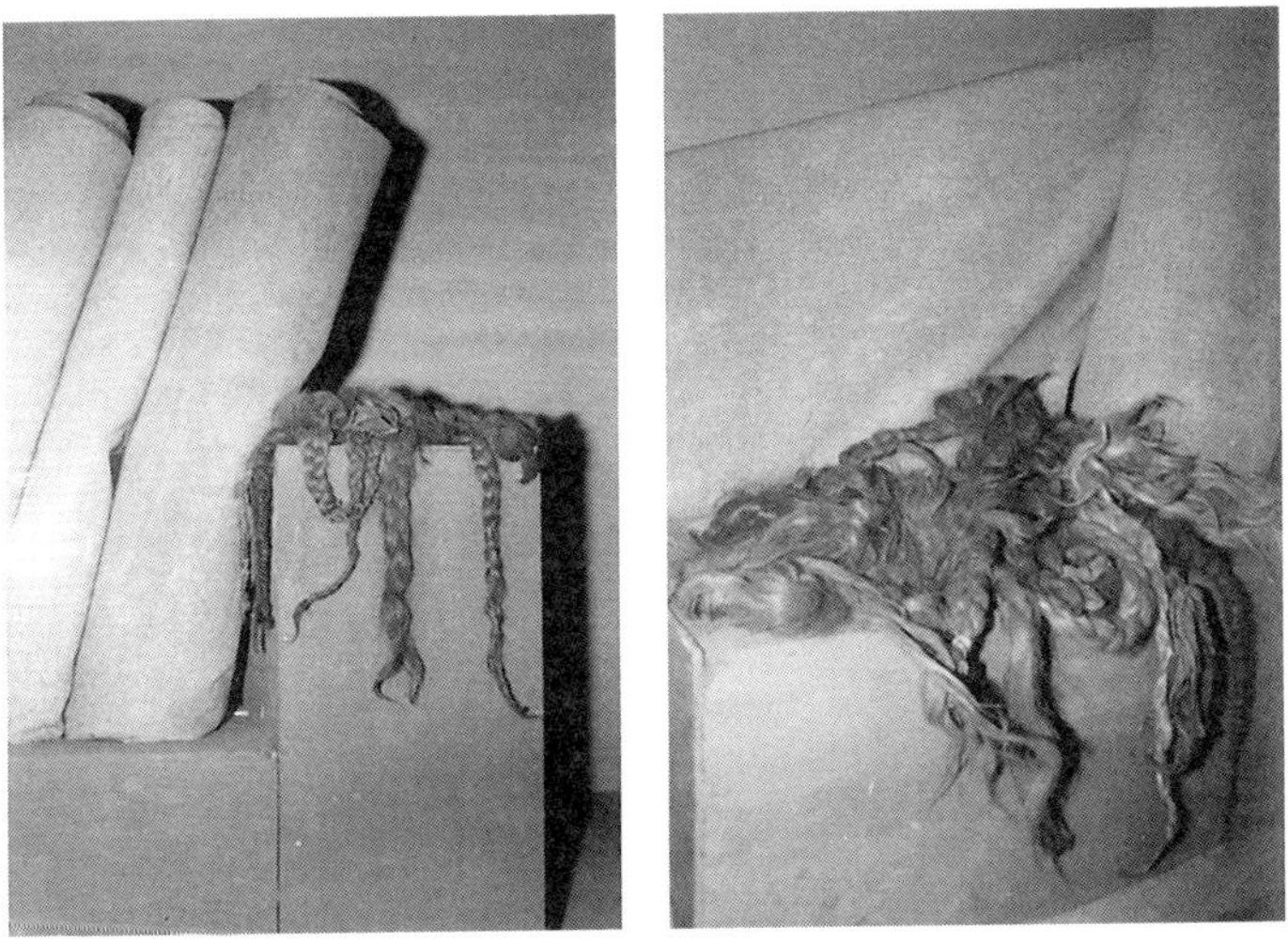

髪の毛でつくられたジュータン。このおさげ髪の少女はすでにいない

髪は、その全期間に六〇トンにも達し、ニュールンベルグ近くのアレクス・ジンク・フェルト製造工場その他に送られましたが、会社側は収容所に対し原料としての代金を支払《しはら》ったらしく、その明細書も残されています。そして、頭髪から作られたという実物のカーペットも！

「これが……」

といったきり、私は後の言葉につかえました。

頭髪で織られた布地、カーペット類は、ひろくドイツ国民に配給されました。特に空襲罹災者《りさいしゃ》から優先的《ゆうせんてき》に。そんな事実を知ることは、おなじ空襲罹災者として、なんともやりきれぬことでした。

一九六〇年のはじめにここを訪《おとず》れた知り合いの話では、そのほか、人間の頭の皮をはいで作った電気スタンドの笠《かさ》や、人間の皮製ハンドバッグなども展示《てんじ》してあったそうですが、あまりに残虐《ざんぎゃく》すぎるのか最近はひかえているのかもしれません。死体の脂肪《しぼう》をかためた石けんなど、話だけで十分ですから。死者には「安らかに」というのが常套語《じょうとうご》ですが、アウシュビッツでは、人びとは死んだ後までも安息は得られず自由ではなかった……と、つぶやかないわけにはいかないのです。

しかし、これで〝地獄めぐり〟が終了《しゅうりょう》したのではありませんでした。

つぎに私たちが案内されたのは、幾棟《いくとう》も赤レンガの囚人たちの住居用棟がならんだそのはずれに近い建物。第一〇号舎（いずれもブロックと呼ばれる）と一一号舎との間の、テニスコートほどの空地です。ここだけは片方《かたほう》の建物の窓《まど》がすべて厳重《げんじゅう》に封鎖《ふうさ》してあって、空地の正面もまた赤レンガの塀《へい》になっていました。つまりコの字型に囲まれていて、出入口は道路に面した一方しかありませんから、一度入ったら最後、空を飛ぶ羽根でもない限り、逃《に》げ場のない広場というべきでしょうか。

「死の壁《かべ》です」

と、説明されました。

収容所内でレジスタンス運動に参加した抵抗《ていこう》戦士、またSSの規律《きりつ》に背《そむ》いた人たち、あるいは外部でナチスの統治や政策《せいさく》に反対していた共産主義者、社会主義者、自由主義者、学者、文化人といった人たち、いや、ナチスに対していささかでも批判的《ひはんてき》だった人までふくめて、約二万人が銃殺刑《じゅうさつけい》に処《しょ》せられたところで、それは正面壁の中央部分に作られたもう一つの壁の前でした。

死の壁には、星の数ほどの弾《たま》の跡《あと》が今も残されていますが、色とりどりの花束が飾られ、目にしみるようでした。おそらく私の立っているこの土にも、たくさんの鮮血《せんけつ》が流されたことでしょう。両足のすくむような気がして、ふと足下《あしもと》に目をやりましたが、もちろん三五年以上もの歳月《さいげつ》がなにもかも「自然」に戻《もど》してくれています。

死の壁をはさんで、左側の第一〇号舎は、女性囚人たちに不妊《ふにん》手術をふくむありとあらゆる生体医学実験が行われたところで、その反対側の第一一号舎の正面入口へと、私たちは足を向けました。この強制収容所の中でもっとも重視《じゅうし》されるべき場所が、「ブロック11」といわれる地下室なのです。

コンクリートの階段《かいだん》を踏《ふ》みしめて下りますと、地下室通路の入口に厳重な鉄門があって、廊《ろう》下《か》の左右にさまざまな目的の部屋が、ざらついた壁をむき出しにしてハーモニカ状に並《なら》んでいます。見せかけの伝統と形式を重んじるナチス・エリートたちは、こんなところでも自慰行為《じいこうい》のような審査《しんさ》を行ったらしい。一応の簡易裁判《かんいさいばん》をする部屋があり（といっても囚人はここに引き出されたら、結果はみな同じだったのですが）、月に一回ずつ一方的な審査のあとは、サディズムに近い拷問《ごうもん》と、銃殺《じゅうさつ》をふくむ種々の死刑とが待ち受けていました。

独房《どくぼう》、雑居房《ざつきょぼう》と、鉄格子《てつごうし》のはまった薄暗《うすぐら》い小部屋がいくつもつらなっていましたが、ほとんどは照明もなく、さらに換気口《かんきこう》のない密室《みっしつ》もあります。光も空気も失ったら、人間はどれほど生きていられるのでしょうか。一酸化炭素だらけになって死ぬとすれば、これも一種のガス室です。事実、アウシュビッツでの最初のガス殺人は、この地下室の懲罰拘禁室《ちょうばつこうきんしつ》で実験的に行われたのです。一九四一年九月三日、ソ連軍捕虜《ほりょ》六〇〇人と各病棟から選別された二五〇人からの病人が、チクロンBの最初の犠牲になりました。ガスマスクをつけて、その現場を目撃《もくげき》した司令官のヘスは、「超満員《ちょうまんいん》の部屋の中で、計画どおり、瞬時《しゅんじ》に死が訪れた。わずかに短く、ほとんど絶えだえの一声をあげるだけで」処理《しょり》は完了《かんりょう》したと告白遺録に書き残しています。

小部屋の中には、「餓死室《がしし》」もありました。放《ほう》りこまれた囚人は、一滴《いってき》の水も一片《いっぺん》のパンも与《あた》えられることなく、カサカサにひからびて死を待つだけのこと。その一部屋の鉄格子に紅白《こうはく》のリボンが結ばれ、花束がどっさり添《そ》えられているのは、戦前カトリックの伝道者として長崎《ながさき》までできたこともあるポーランド人、マキシミリアン・マリア・コルベ神父の臨終《りんじゅう》の牢《ろう》だそうです。ある囚人の身代わりとなった神父が、自らここで一命を失ったのだと聞きますと、あまりの飢餓《きが》から雑居房《ぼう》で人肉嗜食《ししょく》事件さえも起きたというだけに、かすかに胸をなでおろす気持ちにもなりました。

しかし、拷問室の中でもっとも衝撃的《しょうげきてき》だったのは、「起立房」でしょうか。

それは九〇センチ×九〇センチの空間しかない小部屋です。床《ゆか》すれすれの高さにある小さな穴《あな》からよつん這《ば》いで、一人ずつ四人を押《お》し込《こ》みますと、扉《とびら》は固く閉鎖《へいさ》されます。押し合いへし合い突っ立ったまま身動きもできず、死ねば厚い壁に塗《ぬ》りこめられたと同じことです。「起立房」は四ヵ所ありましたから、同時に一六人ずつを詰めこむことができました。それらの人びとが、今も壁の中に人柱のように直立しているような。……私はだんだんと息苦しくなってきました。地下室の階段を上がっていきますと、かつて三十余年前のあの日、大勢の囚人たちが木靴《きぐつ》をカタコト鳴らして死の闇《やみ》に引きこまれていったであろうその足跡《あしあと》が、階段のくぼみやすり減った手すりに感じられ、ふと階段の踊《おど》り場にたたずんで、額《ひたい》の汗《あせ》をぬぐいました。

「お疲《つか》れですか？」

後からやってきたガイドの青年が、くぼみ勝ちの目を向けました。

「いえ」

「見ていただくのもつらいでしょうが、ご案内するほうも」

「もっとつらいことなのでしょうね」

「最後に、ご案内しなければならないところがあります。少々急ぎませんと」

「次はどこへ」

「ガス室です」

ガス室の内側の扉《とびら》

まだガス室が残されていたとは……うかつなことですが、予想外のことでした。

というのは、最初の実験的なガス殺人は、いまのブロック11の地下室でと聞きましたから、すでに見学のノルマを果たしたつもりでいました。もっとも近代的な最新鋭《さいしんえい》ガス室と焼却炉《しょうきゃくろ》はビルケナウにあって、それはナチが撤退《てったい》の際に爆破《ばくは》してしまいましたが、破壊《はかい》されたのはビルケナウにあった第二から第五までの四つのパートのそれで、小規模《しょうきぼ》ながらアウシュビッツ中央収容所《しゅうようじょ》の第一ガス室ならびに焼却炉は無事にこんにちまで原形のまま保存《ほぞん》されているというのにとまどい、ちょっぴり精神的な負担《ふたん》を感じましたが、ここまできた以上は引きかえすことはできません。

その場所は、「アルバイト・マハト・フライ」の鉄門をくぐったすぐ左に……ということで、来た道を戻《もど》ればいいのでしたが、なぜか異様《いよう》に遠く、何倍もの距離《きょり》に感じられるのは、疲《つか》れてきた証拠《しょうこ》かもしれません。心身ともに残されたわずかの人間的なゆとりは、餓死《がし》室と起立房《ぼう》のあった地下室の壁《かべ》にでも、みな吸《す》い取られてしまったのか。カメラが鉛塊《えんかい》のように重く、首《くび》筋《すじ》に紐《ひも》がめりこみそうな気がして、手に持ちかえました。

もういい、結構です、といったら、案内人に対して礼を失することになるでしょう。それに後で知ったのですが、青年は単なるガイド役でなく、この博物館の書記だとのこと。館長が留守でかわってみなさんを、といってくれているのですから、私たちもその誠意《せいい》と熱意にこたえねばなりません。さらにこの広大な収容所に閉《と》じこめられた罪なき人びとの身を思えば、疲れたなんて意地でも口にできるはずはないのです。

すでにあたりは薄暗《うすぐら》くなりかけて、赤レンガの建物よりも高く林立していたポプラの梢《こずえ》がざわざわと激《はげ》しく風に揺《ゆ》らぎ、カラスとふくろうが騒々《そうぞう》しい鳴声を上げています。その声がいやになまなましく響《ひび》くだけ、私たちの一行は寡黙《かもく》になっていました。

先に立つ青年が、ふと足をとめました。

「先に見てもらわなければならぬものが、ここにあります」

絞首台《こうしゅだい》でした。四角に木の枠組《わくぐみ》を立てた絞首台は、これだけが戦後になって作られたものだそうです。逃亡《とうぼう》していた第一代の収容所司令官ヘスがつかまってニュールンベルグ裁判《さいばん》で死刑《しけい》を宣告《せんこく》され、ポーランドの最高裁《さいこうさい》でもう一度裁判にかけられて、一九四七年四月一六日、ここで処刑《しょけい》されたときのもの。しかし、そのかわりに一〇〇万人を超《こ》える人びとが生きかえってくるわけではありません。

絞首台から左へ。

地下にもぐる階段を下りていきますと、ざらついたコンクリートの肌《はだ》が見えて、地下壕《ちかごう》にも似た入口がありました。一歩踏《ふ》みこみますと、あっけなくも、そこがガス室なのでした。脱衣《だつい》所《じょ》はもちろんのこと、予備室めいたものの何もないコンクリートむき出しの、だだっぴろい箱です。柱も窓《まど》もありません。天も地も、右も左も、どっちを見ても壁だらけで、ひょっとして人びとの苦悶《くもん》の結果としての爪跡《つめあと》でも……と壁に目を据《す》えましたが、そう思えばそれらしくも見え、なんの先入観もなしに見れば壁自体の風化現象のようにも受けとれます。

脱衣所がないとすれば、このガス室に詰《つ》めこまれた人びとは、外部から全裸《ぜんら》の姿《すがた》で行列を作らせられてきたのでしょう。私は『ナチス・ドキュメント』の中のSS隊員ゲルシュタインの報告を、ふたたび思い出さずにはいられませんでした。


それから行列が動き出した。絵のように美しい少女を先頭にして、彼《かれ》らは並木道《なみきみち》を進んだ。全部が男も女も丸裸《まるはだか》で、入れ歯まではずしていた。（略）戸外の一隅《いちぐう》にたくましいSS隊員が一人立っていて、牧師じみた猫《ねこ》なで声で、哀《あわ》れな人たちに向かって「別になんにもありはしないよ！　お前たちは、部屋の中で深呼吸《しんこきゅう》して、胸《むね》を拡《ひろ》げればいいだけだ。

外見は大浴場に見せかけたガス室。現存する第一ガス室

この吸入《きゅうにゅう》は病気や伝染病《でんせんびょう》を防ぐのに必要なのだ」と言っていた。（略）彼らは、小さな階段を登って行った。そしてすべてを了解《りょうかい》したのである。子供《こども》を抱《だ》いた母親、裸《はだか》の小児《しょうに》、大人たち、男も女も、皆《みな》丸裸で――ためらいながらも、後から続く人たちに押《お》されるか、またはSS隊員の鞭《むち》に追われるかして死の部屋へ入って行った。たいていの者は一言も発しなかった。燃えるような眼《め》をした四十歳《さい》ばかりの一人のユダヤ婦人が、そこで流される血が人殺しどもに報《むく》いるのだ、と叫《さけ》んだ。彼女《かのじょ》はヴィルト隊長によって顔を五、六回鞭で打たれてから部屋に消えていった。――多くの人たちが祈《いの》りをささげた。*

人びとが最後の祈りを捧げたであろう死の部屋の奥《おく》の扉は開放されていて、もう一つの部屋に接続していました。

こちらには窓も柱もあって、四本のレールが扉の下から直線状に延《の》び、数メートル先のポイントで左折しています。

レールに沿《そ》って目を左にふり向ければ、二台のトロッコが停止した先に、ぱっくりと口を開いているのが、これが紛《まぎ》れもなく人間焼却炉なのでした。金属性の丸蓋《まるぶた》は鈍《にぶ》くくすんだような色合いで、周囲に飾《かざ》られたカーネーションの花束が闇《やみ》になれた目には、どきっとするほど赤く、鮮血《せんけつ》のしぶきのように不気味な感じでした。ビルケナウの四つの焼却炉群にくらべればはるかに小型で、実験的なものだとはいえ、一つの口から二、三体を挿入《そうにゅう》することができ、一日に三五〇〇人は処理《しょり》することができたとのこと。金属プレートにあるトプフ・ゼーネ社製品が、今も鮮明《せんめい》に読めるのでした。

私は棒《ぼう》のように突っ立って、カメラのシャッター・ボタンを押し続けましたが、ライターとしての義務を果たすことで、かろうじて自分を支えているだけのことでした。頭の中を煙《けむり》のように流れるものがあって、思考がピンボケなのです。ここに捕《と》らえられた囚人《しゅうじん》たちのように、私もまた多少無感覚になってきたのかもしれません。しかし、無感覚の決定的な段階が死だとすれば、ガス室経由でトロッコに乗せられてきた人びとは、もはや何の不安も恐怖《きょうふ》も苦痛《くつう》もないわけで、その意味ではこの世の生《い》き地獄《じごく》から解放されたのかもしれません。

苦痛もこれが終着駅……と思うと、私は少し気が軽くなり、胸にたまった息を抜《ぬ》くことができました。

＊　ワルター・ホーファー著、救仁郷繁訳『ナチス・ドキュメント』（ぺりかん社）

強制労働につく囚人《しゅうじん》たちのベッド

アウシュビッツに強制連行されて、そのままガス室に押《お》しこまれた人びとに関しては、推定《すいてい》でしか死者数を出すことはできませんが、たまたま即時《そくじ》虐殺《ぎゃくさつ》をまぬがれた人びとは、収容者《しゅうようしゃ》名簿《めいぼ》に登録されました。その数はおよそ四〇万五〇〇〇人。おそらく貨車で護送されてきた人びとの一五パーセントくらいかと考えられます。しかしこのうち餓死《がし》、銃殺《じゅうさつ》、ガス室あるいはフェノール液注射《ちゅうしゃ》による殺戮《さつりく》、そして極端《きょくたん》な疲労《ひろう》や重労働のために死んだ者が三四万人。収容者名簿に登録された数から死者数を引けば、生き残った者はわずかに六万五〇〇〇人足らず。結果的にいえば、一台の貨車に一〇〇人からの人びとが詰《つ》めこまれてきたとして、ホームに到着《とうちゃく》したとたんの選別で、ざっと八五人が殺され、一時的に死をまぬがれることのできた人たちも次々と息たえて、最後に生き残った者一人――ということでしょうか。

これで、収容者として生き残った人たちの、苛酷《かこく》な日常を推《お》しはかることができます。

収容所の舎屋内の蚕棚ベッド

女子収容所のベッド。連合軍により解放後に撮影されたもの

アウシュビッツにおいて私は最初の夜を蚕棚《かいこだな》ベッドで寝《ね》たが、そのベッドは三段《だん》になっていて、各段《かくだん》（約二米《メートル》と二米半の広さであるが）の上には、直接板の上に九人の人間が寝るのであった。そして上に掛《か》けて寝るものと言えば各段に、すなわち九人の共同としてたった二枚《まい》の覆《おお》いしかなかった。われわれは上を向いて寝ることができず、ただ横を向いて互いに密着《みっちゃく》し押《お》し合いながらやっと寝ることができた。*

ウィーン生まれの精神医学者ヴィクトル・E・フランクル（ウィーン大学教授）は、ユダヤ人であるということだけで、美しい妻と二人の子どもたちとともにアウシュビッツに送られ、彼《かれ》だけが生き残って哲学的《てつがくてき》な体験記録『夜と霧《きり》』を書きました。極限状態における人間の尊厳《そんげん》を考えさせる書として忘《わす》れがたい名著《めいちょ》ですが、教授が第一夜を過ごした強制収容所は、前記の通り二メートル×二・五メートルの畳《たたみ》二枚しか敷《し》けないような板床《いたゆか》に大の男が九人です。それでも寝られるのだろうかという疑問《ぎもん》が生じますが、教授にとって未知なる世界は、人間は何でも可能という驚《おどろ》きにもつながるのです。

衣類をすべて没収《ぼっしゅう》され、シャワー室からのぬれた身体で、晩秋《ばんしゅう》の寒気の中に立たされても翌日《よくじつ》は鼻風邪《かぜ》ひとつ引かず、歯ブラシ一つ使用することがなくても歯も歯ぐきも痛《いた》まず、半年間も同じシャツを着て、洗濯《せんたく》もできなかったにもかかわらず、それにも耐《た》えられた、と。また不眠症《ふみんしょう》などというぜいたく病は、ここではかんたんに消滅《しょうめつ》したようです。しかし、トイレに紙がないのはどうしていたのか。

いや、チリ紙がどうのこうのというのは、おそらく平常時の疑問らしく、強制収容所はふたたび繰《く》りかえすように、平常時の感覚を超えたところにありました。次の記録は、『エクツエ・ホモ』の中の、ドイツのザクセンハウゼン強制収容所に捕《と》らわれたアレクサンデル・クリシェヴィッチの証言です。


行進しながら、食器代わりに帽子でスープを受け、急いで飲まなければならなかった。飲み終らないうちに必ず命令が飛ぶ。「帽子《ぼうし》をかぶれ！」。食べ残りを捨《す》てることは〝死〟を意味した。ぐずぐずしていると殴《なぐ》られる。スープの残りが頭から首を伝って背中《せなか》に流れ込《こ》み、また目の中にも入ってきた。そして、次第《しだい》に凍《こお》りついてくる。――

いや、全くこれがすべてではない。たとえば、寒中も何時間も行進させられていると、当然便意を催《もよお》してくる。しかし、どうすることもできない。すべてはズボンの中で行われた。ズボンは初めは温かく、次第に冷たくなり固くなり、最後には凍りついてしまうのである。尿《にょう》と糞《ふん》でカチカチにいてついたズボンにこすられて、両足はかすり傷《きず》だらけ。ヤスリをかけられたようにはれ上がって、ついには血が噴《ふ》き出てくる。**

収容者たちは、名簿に登録されたとたんにそれまで身につけていた物はもちろんのこと、頭《とう》髪《はつ》から身体中《からだじゅう》のすべての毛を刈り取られ、人格を象徴《しょうちょう》する姓名《せいめい》の代わりに番号になりました。フランクル教授でいえば119104です。『夜』の作者、一五歳《さい》のエリ・ヴィーゼルはA-7713でした。決して消えることのないよう、左の前腕《ぜんわん》に（子どもの場合は股《また》の太ももに）、家畜並《かちくなみ》の入《い》れ墨《ずみ》をされたのです。ナチスが、収容者たちを人間と見なしていなかったことの一つの証拠《しょうこ》といえるかもしれません。

衣服は、青い縦縞模様《たてじまもよう》のあるパジャマ風の上下のほか若干《じゃっかん》の下着と木底靴《ぐつ》か短靴《たんぐつ》。そして衣服の上下には囚人番号と、それぞれの三角形の識別標《しきべつひょう》を縫《ぬ》いつけられます。赤色は政治犯、緑色は刑事犯《けいじはん》、ユダヤ人は黄色の三角形を上下に合わせて星形に。……

収容者の労働は、一日一二時間を超えました。夜明け前の起床《きしょう》のベルとともに始まり、棍《こん》棒《ぼう》や鞭《むち》がぴしりぴしりと鳴るのを耳にし、あるいは直接肌《はだ》に受けながら隊列を組んで、電流の

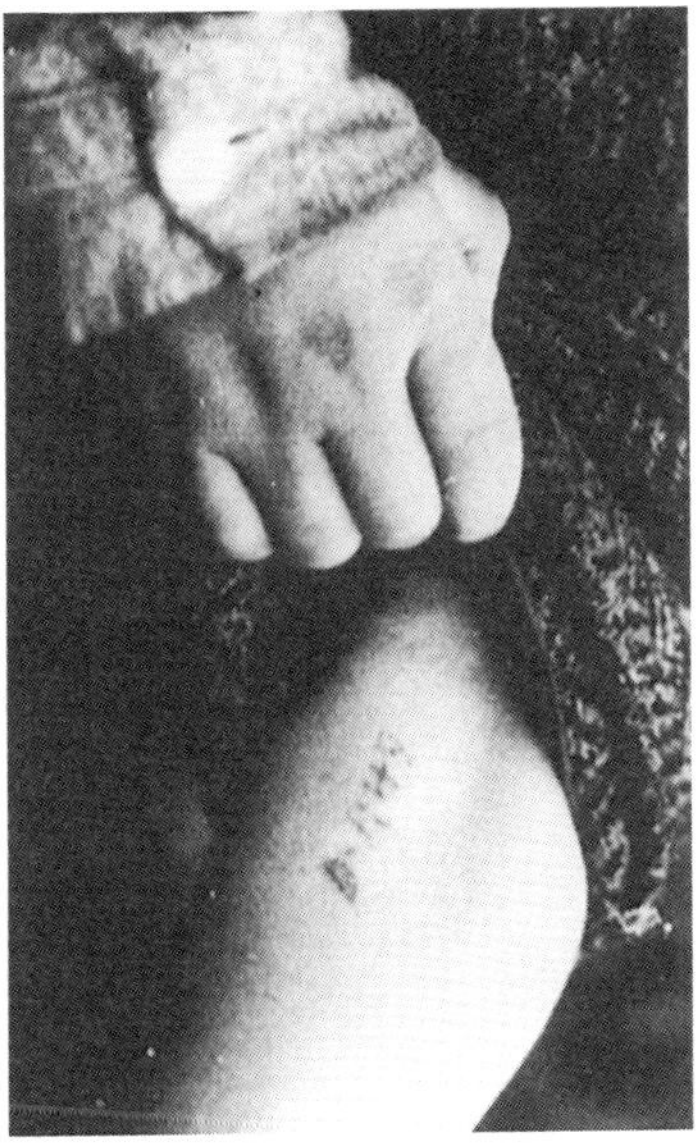
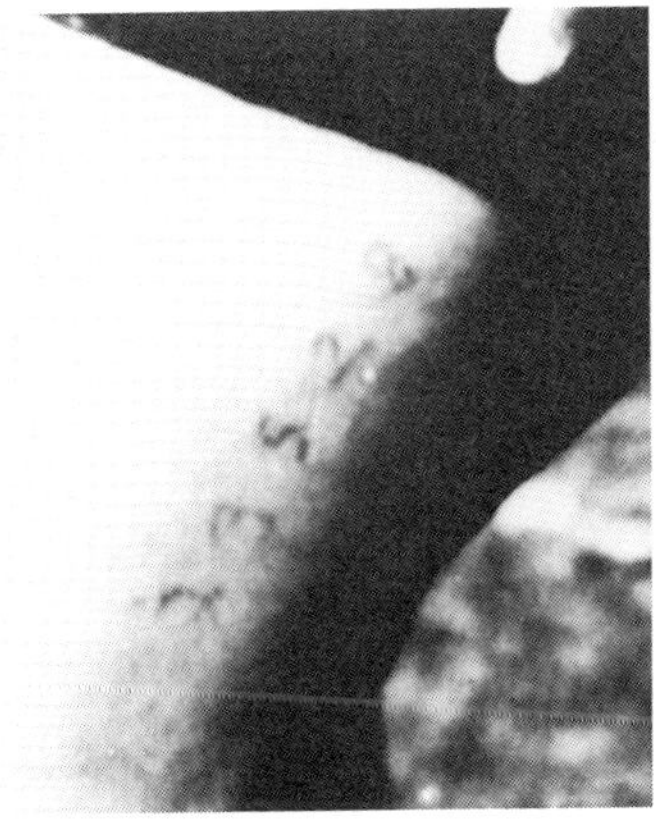

収容者には腕に番号が刻まれた。下は足に刻まれた番号

通じたバリケードのあいだを歩き、それぞれの持ち場へ。有刺《ゆうし》鉄線には立て札があって、黒い頭蓋骨《ずがいこつ》が描《えが》かれ「注意！　死の危険《きけん》」とありましたが、死の危険のない場所などここには一ヵ所もなく、また死の危険から隔離《かくり》された時間もありません。午後六時の点呼《てんこ》まで、ほとんど秒きざみのテンポで進められる収容所設営ならびに拡張《かくちょう》工事や、沼沢地《しょうたくち》の埋《う》め立て、農場の開墾《かいこん》、またＩＧ－ファルベン社などのドイツ独占企業《どくせんきぎょう》の合成石油や合成ゴム生産工場、鉱山などの奴隷《どれい》労働にかり立てられたのです。アウシュビッツ強制収容所のいくつかの収容棟《とう》をはじめ、付属施設《しせつ》、道路はおろか、ガス室、焼却炉《しょうきゃくろ》さえも、収容者たちによって作られました。自分たちの生命を抹殺《まっさつ》する殺人機械の設営に、だれも手は出したくなかったでしょうが、死の危険が目前にぶらさがっている以上、

今のこの瞬間《しゅんかん》を生きぬくためにやむなく、SSの命令にしたがわないわけにはいかなかったのです。

そして、そうした奴隷労働を支える食物ときたら、人間の生きていく最小限のカロリーをはるかに下まわる飢餓《きが》的なもので、朝は砂糖《さとう》ぬきコーヒー一杯《ぱい》、昼に少量の肉と脂肪《しぼう》入りのスープ、夕食は日によって内容が異《こと》なったが、コーヒー一杯と、三〇〇～三五〇グラムのパン一片《いっぺん》に、二〇グラム（といえば封書《ふうしょ》一通の重さだが）のソーセージか、同程度のマーガリンかチーズかジャム。ジャムといっても、その量は茶さじに軽く乗る程度で一杯だけ。一日の食物のカロリー量は一三〇〇から一七〇〇キロカロリーで、それも後にはさらに低下しましたので、一〇〇〇キロカロリーくらいに落ちたのです。

ところが、通常時に標準の体重の青年が、寒気の中で重労働をするためには、一日に四〇〇〇～五〇〇〇キロカロリーを消費するだろう、といわれます。それが現実には四分の一から五分の一ほどの状態なのですから、私たちが一日三食の食事を一食以下に減らして、しかも一二時間労働と、その疲労を休めいたわる家庭や家族もなかったとしたら……と考えれば、衰弱《すいじゃく》が急速にやってくる度合いがわかろう、というものです。

貯《たくわ》えていた体力はみるみる消耗《しょうもう》し、慢性的《まんせいてき》な飢餓状態から囚人たちはある共通した徴候《ちょうこう》を持つようになりました。内面的には無感動と眠気《ねむけ》からはじまる精神の衰弱であり、外面的には、落ち窪《くぼ》んだ目と飛び出した頬骨《ほおぼね》、皮膚《ひふ》に見られる病的な色素、浮腫《ふしゅ》など。それらの囚人たちを、SSはインドの飢饉《ききん》のさなか骸骨《がいこつ》のようにやせ細った人びとになぞらえて、回教徒（ムウゼルマン）と呼《よ》びました。囚人たちは「骨《ほね》と皮」ばかりになり、平均体重は正常な標準の半分以下にもなり、解放時点では三〇～四〇キロしかなかったと。

それでも、強制労働がいささかも緩和《かんわ》されるものではなく、労働中に力つきて倒《たお》れたりかがみこんだりすれば、心臓《しんぞう》が止まるまで蹴《け》られ殴られ、最後はガス室行きです。もちろん名目上の病院もなかったわけではないが、囚人たちの身をかばう医師や看護人《かんごにん》は、医薬品同様にすくなくて、しかもそこはSSたちの管理計画の中では、伝染病《でんせんびょう》の蔓延《まんえん》を防ぐための患者《かんじゃ》を隔離する場所であり、またはガス室への一時的なたまり場でもありました。選別は病人、収容者を問わず、しばしば冷酷《れいこく》にやられましたから。

選別は、一日の作業が終了《しゅうりょう》した後に、ブロック単位で行われましたが、囚人たち全員が全《ぜん》裸《ら》となって、SSの医師の前を一人ずつ順ぐりに歩きます。かつて人びとがアウシュビッツに貨車で到着した際の方法と大差ないのですが、あのときはそれがどのような意味を持つのか、自分たちの運命について何の予備知識もありませんでした。しかし今度は、SSに収容者番号をチェックされれば、その先はあまりにも明白ですし、しかも全裸とあってはムウゼルマン的な衰弱ぶりをかくしようもありません。そこで囚人たちは、選別の部屋に入る前にやせおとろえた全身をマッサージして無理に血色をよくし、ＳＳの前を、さながら走るようにして通過したというのも当然のことでしょうし、また常に選別の対象にされぬよう、健康人らしく見せる印象と動作に気を配ったというのも理解できます。

たとえば、無精《ぶしょう》ひげなど伸《の》ばしていると、顔色もくすんで見え、ＳＳがうさんくさく感じるかもしれません。

といって、ひげ剃《そ》り用具などは全部没収されてしまったわけですから、ガラスの破片《はへん》を使用し、少々のひっかき傷ができたにしても、血色が増して若《わか》がえり、点呼の際も、脊柱《せきちゅう》を立てて直立し、重くてばかでかい木靴《きぐつ》で靴《くつ》ずれができても決して足を引きずることなく、まだまだ労働力として一人前です、といわんばかりに。生と死がＳＳの一瞥《いちべつ》で決定される以上、まったく紙一重《かみひとえ》といっていい地獄《じごく》のふちで、だれもがさまざまに生き抜《ぬ》く手段《しゅだん》を真剣《しんけん》に考えたことでしょう。

死はいつでもどこでも、囚人たちを待ちぶせていたのです。

＊　フランクル著作集1、霜山徳爾訳『夜と霧』（みすず書房）

＊＊　坂西八郎、エイジ出版共編『エクツエ・ホモ』（エイジ出版）

人間らしい心を守る可能性

私はもはや、日々の一皿のスープと一きれの固くなったパン以外には、関心を向けなくなっていた。パン、スープ……これが私の生活のすべてであった。私は一個の肉体であった。おそらくはそれ以下のもの——一個の飢《う》えた胃。ただ胃だけが、時の経《た》ってゆくのを感じていた*。

エリ・ヴィーゼルが『夜』に書きしるした一節は、飢餓《きが》の極致《きょくち》に追いつめられた状態をよく簡潔《かんけつ》にとらえ、自分を「一個の飢えた胃」と象徴的《しょうちょうてき》に表現するのですが、その自分の目から見た同じブロックの友は「ガラスのような目」に変化していきます。アキバ・ドリュメールというのが友の名ですが、肉体の衰弱《すいじゃく》はやがて急速に精神のそれにつながり、絶望が彼《かれ》をとらえた時、その目は一挙に虚《うつ》ろになり、「恐怖《きょうふ》を湛《たた》えた二つの井戸《いど》にすぎなくなって」しまい、そして友は当然の帰結のように選別の対象になって、ヴィーゼルの前から消えていくのでした。

ヴィーゼル自身、目の前で父が鉄棒《てつぼう》でめった打ちにされ、殴《なぐ》りつけられたあげくに足下《あしもと》にへたりこんでも、「眉《まゆ》ひとつ」動かすことなく、殴った相手よりもむしろ父の鈍重《どんじゅう》な動作のほうに腹立《はらだ》たしくも恨《うら》めしくも思う。「強制収容所《しゅうようじょ》は、私をそんな男にしてしまったのであった……」。二字詰《つ》め分の……の部分が読み手の私の心に残って、さまざまな余韻《よいん》を拡《ひろ》げるのです。

死があまりにも接近し過ぎますと、人間の視力《しりょく》でもそうですが、そのもの自体のピントがぼけてしまう。あちらでもこちらでも身近な者がつぎつぎと息を引き取り、動かなくなれば死は日常《にちじょう》茶飯事《さはんじ》となって、当然のことのようになり、したがってまず驚《おどろ》きの感覚が遠ざかっていきます。ショックがなくなるのが人間らしい心を失う第一段階といえるのかもしれません。これは私自身の東京大空襲《だいくうしゅう》の体験をふりかえってもいえることなのですが、劫火《ごうか》の消えた朝、隅田川《すみだがわ》を埋《う》めつくした死体の流れを目のあたりにしながら、なにか物体が浮《う》いている感じで、恐怖感らしいものはほとんどありませんでした。いちいち驚いていたら、それこそ身が持たず、驚きの感覚は、きわめて短時間にあっけなく消滅《しょうめつ》したのです。

何事につけても、驚きの心を失うと若《わか》さが消える——とはよくいったもので、驚きが若さの特権《とっけん》であるならば、それは生命力の源泉《げんせん》なのかもしれません。

人間らしい心を失う、それを『夜と霧《きり》』の作者フランクル教授は「退行」または「内面の死滅」と精神病理学者らしく指摘《してき》しましたが、人間性退行（死滅）の第二段階は、無感覚、無関心、無感動となって現れるのだ、といいます。

驚きのショックが失われれば、周囲の状況《じょうきょう》に対しての感覚が弱まりますから、同時に関心もなくなり、感動もなくなると。父親が目の前で不当な暴力を受け、地に打ちのめされても「眉ひとつ」動かすことのない「そんな男に（強制収容所は）してしまった」とヴィーゼルが書く「そんな男」とは、生みの親の受けている痛哭《つうこく》さえも感じることのできない傍観者《ぼうかんしゃ》になったと同じで、まさしく人間性退行の第二段階の状態なのかもしれません。父親といえどもそうなのですから、これがアカの他人となった場合、涙《なみだ》一つ流すこともなく、すぐかたわらでその人が死に直面しても、戦慄《せんりつ》や昂奮《こうふん》、同情や憐憫《れんびん》もなくなり、したがって何の手だてもすることなく、ぼんやりと眺《なが》めていられる。それぞれが自分の生のためにのみ闘《たたか》わねばならず、食物と睡眠《すいみん》だけをむさぼって、他人へのやさしさやいたわりの気持ちをすべて失ったときは、逆にいえば自分の心も荒廃《こうはい》し、自分を殺すことにほかならないわけですが、その無感動によってしか生を保持できない状態がアウシュビッツだったとすれば、私はつい考えこんでしまうのです。それでは現代人もまた、なんとアウシュビッツ的なのだろうか、と。

私たちは今、ガスカンマーつきの強制収容所にいるわけではないけれど、他者を思いやる気持ちを急速に失いつつあります。早い話が隣家《りんか》の一人暮らしの老人が病《や》みがちで、ある日ついに息を引きとっても、ミイラにならなければ発見できないなどという例は、少し極端《きょくたん》かもしれませんが、それは一般的《いっぱんてき》にいうところの「隣《となり》は何する人ぞ」の排他性《はいたせい》の行きつく結果といってよいのではないでしょうか。ところが他者への思いやりとかやさしさというものは、実は人間が進化の過程で身につけた最高の財産であるらしく、人類が進歩のかわりに退歩するときは、いちばん新しく獲得《かくとく》したものから失うというショッキングな警告《けいこく》を、私はかつて日本体育大学教授正木健雄《たけお》氏の『子どもの体力』（大月書店）で読んだことがあります。歩きはじめてから、手の自由を得、言語で意思を伝達《でんたつ》し、それがやがて人格の発達に結びついたものが、退歩の際にはこの順序がまさに逆転し、人格にかかわる欠落がまっさきに現われると。自殺や非行の例を上げるまでもなく、内面の退廃《たいはい》が著《いちじる》しい速度で子どもたちをとらえ、現代人の心をむしばんでいるのは周知の事実です。無関心、無感動を、はやりの言葉に置きかえれば「シラケ」で、虚偽《きょぎ》や不条理に対する驚きや怒《いか》りの感覚の鈍磨《どんま》は被《おお》いがたく、それはまた内的な冷淡《れいたん》さと結びあっているのを見れば、私たちもまたフランクル教授の指摘する人間性退行＝死滅の第二段階にまできているのかもしれません。

しかし、アウシュビッツの歴史は、すべての人間がかならずしも飢えた豚《ぶた》になり下ったわけでなく、信じがたい極限状況にもめげず人間としての心を——尊厳《そんげん》を守り通せる可能性のあることをも知ることができるのです。

たとえばフランクル教授の場合、凍《こお》りついた道を重い鉄道枕木《まくらぎ》を運搬《うんぱん》する労働にたずさわ

1979年、収容所を案内してくれたワルシャワ大学生のヨランダさんの一家は、かつてユダヤ人をかくまった。彼女が指さすのが若き日の母親である。アウシュビッツ記念館にて

ったことがありますが、同僚《どうりょう》が重量に耐《た》えかねてよろけ、枕木ごと線路上から転落しそうになったのを見たとたん、「私」が飛びついて彼を支え、SSから棍棒《こんぼう》で激《はげ》しくどやされるくだりがあります。この監視兵《かんしへい》は数分前には、「お前達、豚は少しも戦友精神を持っておらんな」と、嘲弄《ちょうろう》したのです。SSは囚人《しゅうじん》たちのすべてが、決して「豚」でなかったことを確認《かくにん》せざるを得ませんでした。

学者となれば、もちろん強靭《きょうじん》な体力の持主であろうはずがなく、この極限状態では、だれよりも先に衰弱していくのではないかと思われがちですが、実際はそうではなかったようです。

「元来精神的に高い生活をしていた感じ易《やす》い人間は、ある場合には、その比較的繊細《ひかくてきせんさい》な感

情資質にも拘《かかわ》らず、収容所生活のかくも困難《こんなん》な、外的状況を苦痛《くつう》ではあるにせよ彼等《かれら》の精神生活にとってそれほど破壊的《はかいてき》には体験しなかった。なぜならば彼等にとっては、恐《おそ》ろしい周囲の世界から精神の自由と内的な豊かさへと逃《のが》れる道が開かれていたからである」

精神的自由によって、しばしば頑丈《がんじょう》な肉体の持主よりもよりよく耐え抜《ぬ》くことができたという『夜と霧』の中の一節は、逆にいえば、人間が未来に希望を失うと、その途端《とたん》に生きるよりどころをもなくして、これが精神的に人間を崩壊《ほうかい》に導き、すると同時に肉体的にもすぐ衰弱と転落が始まると考えるべきでしょうか。したがって最悪のぎりぎりの状態にあっても、自己《じこ》を、信念を放棄《ほうき》しなかった人だけが、生命をも全《まっと》うし得たといってよいのかもしれません。

＊　エリ・ヴィーゼル著、村上光彦訳『夜』（みすず書房）

身代わりになったコルベ神父

しかし他人の生命をいとおしむあまり、自己《じこ》を犠牲《ぎせい》にすることで、尊厳《そんげん》の一語を貫《つらぬ》き通した人もいます。

ブロック11の地下室にある餓死《がし》室で悲惨《ひさん》な最期《さいご》を遂《と》げたマキシミリアン・マリア・コルベ神父がその人で、この人は一八九四年ポーランド生まれといいますから、餓死室で殺された時は四七歳《さい》でした。神父は一九三〇年に長崎《ながさき》にも伝道にきて、六年余を日本ですごしました。帰国してからは神学校でスコラ哲学《てつがく》を教えていましたが、三九年秋にナチスの政策《せいさく》に批判的《ひはんてき》だったということだけで捕《と》らわれ、いくつかの収容所《しゅうようじょ》を引きまわされたあげくアウシュビッツに連行されたのです。

収容者として強制労働にたずさわっていたところ、ある日、脱走《だっそう》者が出ました。一人でも脱走者が出れば、SSはその見せしめとして無差別に一〇人あるいは二〇人を選び、脱走者がつかまるまで水も食物も与《あた》えることなく、地下牢《ちかろう》に閉《と》じこめたまま。餓死室から、生きてふたたびかえってきた者はいません。

しかし、ガス室行きの選別よりも、命がけで逃亡《とうぼう》の機会をねらう囚人《しゅうじん》はすくなくなく、四一年七月末にまた逃亡者《とうぼうしゃ》が出ます。そこで餓死室行きの一〇人が選ばれましたが、神父は入っていませんでした。選ばれた中に、

「さようなら、女房《にょうぼう》や子どもたちよ。おれの分まで長生きしてくれ……」

と、号泣《ごうきゅう》したポーランドの一兵士がいました。神父はつかつかと前に出て、静かな口調でいいました。

「あの人とかわらせてください。私は家族がいませんので……」

コルベ神父の要求は入れられて、一四人の身代わりになった神父は、餓死室の中で夜も昼も祈《いの》り続けて一四日間、ついに一滴《ひとしずく》の水も口にできずに、一九四一年八月一四日、壁《かべ》によりかかったまま息絶えました。最後はフェノール液の注射《ちゅうしゃ》で毒殺された、という説もあります。

コルベ神父は後にバチカンの福者に列せられたとのことですが、福者というのは天国における聖人《せいじん》の位だそうで、それもなるほどとうなずけるものがあります。私は宗教《しゅうきょう》についてはまったくの素人《しろうと》でしかないけれど、自己の内面を殺すことによって生きのびた人が多かった中で、自己を犠牲にすることで他者の生命を救い、内面の祈りを全《まっと》うしたのだとすれば、キリスト者としての生を生き抜《ぬ》いたのかもしれぬ、という気がするのです。私たち凡人には出来ることで

はありませんが、それもたしかな人間の生きかたと考えてよいわけで、人心を獣心《じゅうしん》に引き戻《もど》そうとしたナチスもまた人間の集団である以上、アウシュビッツという劇的《げきてき》な舞台《ぶたい》の中で、まさに人間の両極をここに同時に見ることができるのではないでしょうか。

しかし、またその一方に、ナチスの人間性否定《ひてい》の犯罪行為《こうい》に抗《こう》して、収容所内でレジスタンス運動に参加した人びとが多く存在《そんざい》したことも、忘《わす》れてならないのです。いかなる状況下《じょうきょうか》にあっても、決して否定しつくせぬ人間の心のあかしとして。

神学生時代のコルベ神父

私たちは、囚人の気持がくじけないようにするために、正しい戦況《せんきょう》ニュースを伝えることを必要とした。私たちの友人Lは、むずかしい技術上の問題を克服《こくふく》した後、物資集散所で働く人たちの協力を得て、ラジオ受信機を作ることに成功した。受信機は地中に埋められた。ときどき夜がふけてから、ほんとうに信頼《しんらい》できる数人のものが連合軍のニュースを聞くために、そこに急いだ。このニュースは口から口へと、できるだけ早く伝えられた。ニュース伝達のおもな場所には、以前に浴室、診療所《しんりようじよ》がそうであったように、そのころ一種の社交場となっていた便所が使われた。*

囚人の身でありながら、医学者としての知識と体験を買われて収容所内の診療所要員の一員になったオルガ・レンゲルは『アウシュヴィッツの五本の煙突《えんとつ》』の中で、「話す新聞」についてそう記録しています。

もちろん意識的な地下運動です。ＳＳはやたらな流言を流布《るふ》した者は死刑《しけい》にするとおどしていましたから、厳重《げんじゆう》な警戒心《けいかいしん》が必要です。ために万が一つかまって拷問《ごうもん》にかけられることがあっても、決して仲間を裏切《うらぎ》ることのないように、メンバーの名前さえも伏《ふ》せられ、便所をアジトにして、連合軍急迫《きゆうはく》の情報はつぎつぎと伝達され、「生命あるかぎり希望はあるのだから」「息を引きとる瞬間《しゆんかん》まで望みを捨《す》てないように……」と、はげましの声がつけ加えられたのでした。極限状況にあっては、ほんのひとことのいたわりの言葉や、思いやりの態度を示すことで、また小さな一切れのパンや、ちょっと手を差しのべてやることだけでも、その人が生死の境から救われることが稀《まれ》ではなかったのです。また人びとを激励《げきれい》することで、激励する側もかえってはげまされたかもしれません。両親とわが子をガス室で失い、夫の消息すらわからずふさぎこんでいたオルガ・レンゲルが、地下の抵抗《ていこう》運動に参加することによって、生きることの新たな拠《よ》りどころを発見するに至《いた》る過程が実に感動的です。

「私たちはここで行われていることを何もかも、しっかり見ておかなくては……。あとになってから、それを書きとめ、世界中の人に真実を知らせるために」

早いか遅《おそ》いかのちがいだけで、どっちみち私たちは死をまぬがれることはできないかもしれぬが、とレンゲルは考えます。彼女自身《かのじょ》が、その目の中に刻《きざ》みこんできた通例のように、首をくくられるか、射殺《しゃさつ》されるか、あるいはガスを吸《す》わされて焼き殺されるか……その結果が動かすことのできない宿命だとしても、ファシスト殺人者どもと戦って死ぬのだという意味合いだけでも大切にしたい。レンゲルはそうつぶやきながら、もっと強くなろうと決意するのでした。

「話す新聞」から行動を開始した地下運動の組織は、やがて一九四三年以後「抵抗集団・オシフィンチム」に結晶《けっしょう》し、SSの倉庫からひそかに盗《ぬす》み出した食糧《しょくりょう》や薬品を囚人仲間の病人に与えたり、また外部の軍需《ぐんじゅ》工場での労働のテンポを故意におくらせたりもしましたが、なによりも重大な使命は、高圧電流の通じたバリケード内で行われている犯罪行為のすべてを、可能なかぎり広く深く外部に伝達することでした。

それもしかし、急がねばなりません。

事実を知ることがない以上、批難《ひなん》の声がこだまするわけはなく、解放が一日でも遅《おく》れれば、何百人からの人びとの生命が失われるからです。

私が手にしたガイドブックには、非常にめずらしくも収容所内のさまざまな抵抗運動の実態がくわしく紹介《しょうかい》され、組織のメンバーの活躍《かつやく》も個人名まで発表されていて、他の資料・文献《ぶんけん》にない積極的な意味がありますが、ここに登場する元囚人ヨセフ・シランケヴィッチは、まさしく「抵抗集団・オシフィンチム」の一員でした。彼《かれ》は外部から入手した特殊《とくしゅ》カメラで、一九四四年のガス作戦の光景をひそかに撮影《さつえい》することに成功しました。

「緊急《きんきゅう》。カメラ6×9のフィルムのメタル・ロールを二個、できるかぎり早く送れ。……ビルケナウの写真を同封《どうふう》する。……同封の写真はテルへ送ること……」

テルというのは外部のパルチザン組織の暗号名かと思いますが、シランケヴィッチがおそらく決死的な覚悟《かくご》で写したと思われる写真は、火葬場《かそうば》がフル回転で焼却《しょうきゃく》がまにあわず、外部の「死の溝《みぞ》」で死体が山積みにされているところと、ガス室へ向かって追い立てられた女性たちが、群をなして森の中を全裸《ぜんら》で走っている場面……など、SSの悪魔的《あくまてき》な犯罪を実証するに足る現場写真でした。

抵抗集団の活躍はめざましく、証拠《しょうこ》写真のみならずSS隊の死刑執行人《しっこうにん》の全リスト、収容所の見取図、ガス室ならびに焼却炉《しょうきゃくろ》の設計図などもつぎつぎと外部へ送り出され、国際抵抗運動組織の手に渡《わた》りました。またその通信の一部は国際赤十字にまで届《とど》けられ、あるいはロンドンからラジオを通じて、全ヨーロッパにまで流されました。

もちろん収容所内のSSはあわてふためき、抵抗集団の発見に血まなこになったことでしょうが、組織から外部へひそかに送り出される暗号文書類が、すべてブロック20の「チフスの疑《うたが》いあり」と掲示《けいじ》の出された隔離《かくり》病舎の一室で準備されたというのは、なかなか興味深いではありませんか。さすがのSS隊員たちも、チフスとあっては、ここを避《さ》けて通らざるを得なかったのでしょう。

＊ オルガ・レンゲル著、金森誠也訳『アウシュヴィッツの五本の煙突』（筑摩書房）

いっせい蜂起《ほうき》は失敗した

一九四四年一〇月七日、アウシュビッツ強制収容所《しゅうようじょ》始まって以来の大事件が起きました。午後三時過ぎ、収容所中をゆるがす爆発音《ばくはつおん》とともに、ビルケナウの四角い煙突《えんとつ》を屹立《きつりつ》させた焼却炉群《しょうきゃくろぐん》から、巨大《きょだい》な火炎《かえん》が噴《ふ》き上がりSSを動転させ、収容者たちはたがいに顔を見合わせてささやきました。

「火葬場《かそうば》が爆破《ばくは》された！」

水も洩《も》らさぬといっていいほどの厳重《げんじゅう》な警戒《けいかい》体制のもとで、SSをはじめ全囚人《ぜんしゅうじん》たちのドギモを抜《ぬ》く焼却炉爆破、反乱《はんらん》計画が決行されたのです。

暴動を組織したのは、死体処理《しょり》にあたる特別作業班《ゾンダー・コマンド》のメンバーで、主謀者《しゅぼうしゃ》はフランス系《けい》のユダヤ青年ダビといわれていますが、この作業班《はん》に入れられたら最後、ある一定期間の後メンバーは秘密《ひみつ》保護のため処分《しょぶん》されるとわかりきっていましたので、いずれガス室で殺されるなら……と、手作りの爆弾《ばくだん》を焼却炉にしかけたのでした。かれらはこれまで苦労して極秘《ごくひ》に入手した武器を手に、爆発を合図にしていっせいに蜂起するはずでしたが、この反乱計画は失敗し、結果的には第四火葬場を全壊《ぜんかい》させ、第二火葬場を半壊《はんかい》させただけに終わりました。

蜂起のためにひそかに用意された武器は、自動小銃《しょうじゅう》一丁とピストル数丁にしか過ぎず、爆発とともに殺到《さっとう》してきたSS隊との肉弾戦《にくだんせん》になった反乱軍《はんらんぐん》は、棒《ぼう》も石も刃物《はもの》も手につくものすべてを武器に代え、機関銃《きかんじゅう》を装備《そうび》した殺人専門《せんもん》部隊に対し必死の抵抗《ていこう》をこころみ、四人のSS兵士を殺しました。しかし、残念ながら反乱軍は、重傷《じゅうしょう》を負った主謀者ダビをふくめて全員皆殺《みなごろ》しとなったのです。

報復は恐《おそ》るべきものであった。SSに捉《とら》えられたものは両手、両ひざを大地につけ四つんばいにさせられた。二、三のSSが悪魔《あくま》のような正確さで、彼《かれ》らのうなじに弾《たま》を撃《う》ちこんだ。自分の番が近づいたかどうか見ようとして頭を上げたものは、射殺《しゃさつ》される前に二五回も鞭打《むちう》たれた。

この反乱の後も、収容所全体で多くの報復措置《そち》がとられた。囚人をなぐる回数もふえたが、大量の人間が（ガス室へ）選抜《せんばつ》された。怒《いか》り狂《くる》ったドクター・メンゲルレは選抜から逃《のが》れようとした数人の囚人を、勝手にピストルで撃《う》ち殺《ころ》した。メンゲルレの部下がその例に従《したが》った。次の雨が降《ふ》るまで、収容所の土は血で赤く染《そ》まっていた。＊

オルガ・レンゲルは、反乱軍四三〇人の悲惨《ひさん》な結末を目をそむけたくなるほど詳細《しょうさい》に記録していますが、ここに登場するドクター・メンゲルレとは収容所の医務部長だったヨーゼフ・メンゲルレのことで、彼の手で直接診察《しんさつ》されガス室に送りこまれた人びとは約四〇万人、その半数がいたいけな子どもだったといわれます。殺された反乱軍四三〇人という数字は少し多すぎるようですが、二つのグループにわかれる特別作業班はそれぞれ一〇〇人ずつで構成され、第二グループが反乱軍の主力となりましたから、抵抗地下組織ほか多数の囚人たちが参加したものと見られます。翌年《よくねん》四月一一日、ドイツ本国にあるブーヘンワルト強制収容所が、囚人たちのいっせい武装《ぶそう》行動によって解放され、SSは打倒《だとう》されて、解放旗がへんぽんとひるがえりました。ここでは地下共産党《きょうさんとう》指導部を中心にした組織的な蜂起（一七八班八五〇人からなる非合法軍事組織は、カービン銃《じゅう》九一、軽機関銃一、手榴弾《しゅりゅうだん》一六、ピストル二〇、刀剣類《とうけんるい》一五〇、火焔《かえん》ビン二〇〇を用意したといわれる）が勝因であったのにひきかえ、アウシュビッツの場合は、自然発生的な暴動の枠《わく》を越《こ》えることができませんでした。

しかし、主謀者ダビをはじめ、反乱を計画した人びとは、どのようにして爆弾を仕入れたのか。

そのために重大な役割《やくわり》を果たしたのは、ビルケナウの女囚《じょしゅう》たちで、彼女《かのじょ》らの中に外部の軍《ぐん》

人びとは選別され、強制労働につく者は、正面、左、右の三枚の写真を撮られた

需《じゅ》工場にかり出される労働班がありました。その一つ、ユニオン・ヴェルケ工場は、信管や薬《やっ》莢《きょう》を生産していましたが、ここから毎日少量ずつ盗《ぬす》み出された爆薬《ばくやく》が、女囚たちの手を通じて、ダビたちの手に渡《わた》ったのです。ダビを愛していた娘《むすめ》が、やがてかならず殺される運命にある若者《わかもの》をいとおしんで爆薬を収容所内に持ちこんだという証言が、一九六二年にアウシュビッツに入った日本原水協役員、佐藤行通氏の『日本中が私の戦場』にあって私は大いに魅《ひ》かれるのですが、人間性の剥奪《はくだつ》された絶滅《ぜつめつ》センター内部に、そんなロマンが存在《そんざい》したとすれば作家の想像力がかき立てられます。女囚たちはブロック11の地下牢《ろう》に閉《と》じこめられ、連日のすさまじい拷問《ごうもん》にも決して口を割《わ》ることなく、みんなが見ている前で絞首刑《こうしゅけい》になりました。

反乱の結果はあまりにもつらく悲劇的《ひげきてき》でしたが、しかし、囚人たちにもたらした激励《げきれい》は小さくなく、アウシュビッツの殺人工場にあって、収容者の蜂起《ほうき》が起こり得たということだけでも、人間性復活の狼煙《のろし》が上がったと見てよいかと思います。それから約一ヵ月後の一一月七日、五ヵ所のガス室は閉鎖《へいさ》されて、四年余にわたるガス殺戮《さつりく》はついに終止符《しゅうしふ》をうちました。ソ連軍をはじめとする連合軍が急迫《きゅうはく》し、遠からず収容所も開け渡さねばならないという危機感《ききかん》がSSを支配したのが理由ですが、反乱軍の決死的な爆破事件もまた何らかの脅威《きょうい》を与《あた》えたことはまちがいないのです。

SS自身の手によって、絶滅センターの中枢部《ちゅうすうぶ》ともいうべきガス室ならびに焼却炉が破壊《はかい》されたのは、年が変わって四五年の一月の末のことでした。ソ連軍は敗走するナチス・ドイツ軍を追い、降りしきる雪の中をアウシュビッツに接近していました。一月二〇日、第二、第三火葬場が、同二五日と二六日の両日にかけて第五火葬場が爆破され（第四火葬場はすでに反乱軍によって焼け落ちていた）、さらに証拠湮滅《しょうこいんめつ》のために、通称《つうしょう》「カナダ」と呼《よ》ばれた没収《ぼっしゅう》品倉庫その他のバラックにも、火がつけられました。犯罪行為《こうい》の痕跡《こんせき》さえとどめぬように。

これより早く一月一八日、歩行困難《こんなん》な病人などごく一部を残して、囚人たち全員の撤収《てっしゅう》がはじまりましたが、護送隊によるこの移動は「死の行進」として知られます。目的地は五〇〇キロも先のドイツ本国の収容所で、途中《とちゅう》に無蓋《むがい》の石炭貨車による輸送もないわけではなかったけれど、零下二〇《れいか》度からの寒気の中、ほとんどの行程が徒歩で吹雪《ふぶき》の中に落伍《らくご》する者はつぎつぎと銃殺《じゅうさつ》され、はたしてどれだけの人びとが生き残ったか――それを裏《うら》づける資料はありません。

一月二七日午後三時、ソ連軍およびポーランド・パルチザン部隊が深雪に被《おお》いつくされたオシビエンチムに突入《とつにゅう》、アウシュビッツ強制収容所の重い鉄門を開きました。すでにSSの姿《すがた》はなく、解放された囚人は七〇〇〇人（八〇〇〇人説もある）で、そのうち一八〇〇人が子どもでした。これら残されていた囚人たちは、チフス患者《かんじゃ》を主に自力で撤退《てったい》することのできなかった者ばかりで飢餓《きが》と病気で衰弱《すいじゃく》もひどく、解放後も一日平均一〇人ずつが息を引き取り、応急手当もまにあわずに二〇〇人が死にましたから、三割《わり》からの囚人たちは、ついに得た自由と引きかえに生命を失ったのです。

＊　オルガ・レンゲル著、金森誠也訳『アウシュヴィッツの五本の煙突』（築摩書房）

ナチスは日本軍国主義に学んだ

独房《どくぼう》のなかにいて、私は、人類にたいしてなんという残虐《ざんぎゃく》な犯罪をおかしたかを強く実感するようになった。アウシュビッツの絶滅収容所《ぜつめつしゅうようじょ》の所長として、私は、第三帝国《ていこく》によって考え出されたおそろしいジェノサイド計画の一部を遂行《すいこう》したのである……私は生命をもってこの責任を償《つぐな》う……私は、これらの恐《おそ》るべき犯罪を暴露《ばくろ》し、立証したことが、今後永久に、このような残虐が再びおこるほんのわずかな可能性も生じないようにするであろうことを願い、期待している。*

アウシュビッツ収容所第一代司令官だったルドルフ・ヘスの処刑《しょけい》前の、最後の言葉です。ヘスはナチスが敗れ去ってから、水兵フランツ・ランクという偽名《ぎめい》で逃走《とうそう》していましたが、連合軍に逮捕《たいほ》され、ニュールンベルグの国際軍事法廷《ほうてい》に送られて死刑《しけい》を宣告《せんこく》されました。ついでポーランド最高人民裁判所《さいばんしょ》で重ねて死刑と決まり、アウシュビッツに戻《もど》されて、一九四七年

女子囚人の連行。たてじまの服を着せられて女子囚人は強制労働へ

四月一六日に絞首刑《こうしゅけい》にされましたが、私はヘスの最後の言葉にほっと一息、かすかに心の安まる思いがしました。この残虐きわまる悪魔《あくま》か怪獣《かいじゅう》のような男も、この世を去る瞬間《しゅんかん》にはやはり人間だったのだ……と。

「生命をもってこの責任を償う」という発言は、高度な精神生活を営む人間にしてはじめて可能で、動物には懺悔《ざんげ》の心はあり得ないからです。しかもヘスは、同様な残虐行為《こうい》が今後絶対に起こらぬことを、その種のほんのささいな徴候《ちょうこう》さえも許してはならぬ、と未来への警告《けいこく》までふくめているのですから、それ自体は真摯《しんし》な態度といってよいかと思います。

そこで私はわからなくなり、頭の中が混乱《こんらん》してしまうのです。

ヘスは最後は人間であったとすれば、もちろん最初も人間であったことはまちがいなく、それがいつどのような契機《けいき》と理由で、人間から離脱《りだつ》したのか。

「女だけの地獄《じごく》」と呼《よ》ばれるラヴェンスブリュック収容所で残酷《ざんこく》きわまる拷問《ごうもん》を行ったSS政治部首席のルードウィッヒ・ラムドールという男のことが『夜と霧《きり》』に紹介されていますが、その残忍《ざんにん》な行為で戦後絞首刑を宣告された男に対し、彼《かれ》の親類や友人たちはこぞって嘆願書《たんがんしょ》を法廷に提出して、「ルードウィッヒは、田舎道《いなかみち》を歩いていても、足もとのとかげや蝸牛《かたつむり》を踏《ふ》みつぶすまいとして、奇妙《きみょう》なステップで跳《は》ねていた」などと親切で優《やさ》しかった面を訴《うった》えてきたというくだりなぞも、この疑問《ぎもん》とかさなるところです。個人的には蝸牛やとかげの命さえも惜《お》しんだ善良《ぜんりょう》な平凡人《へいぼんじん》がひとたび「組織」の一員となれば、おどろくほど短時間にがらりと変《へん》貌《ぼう》して、冷酷《れいこく》な心臓《しんぞう》の持主になってしまう。心もまた臓器の一つに変わってしまうのは、ラムドールにせよヘスにせよ共通のもので、ここで問題になるのは、かれらが親衛隊員として一翼《いちよく》を担《にな》っていたナチスという特異《とくい》な「組織」そのものになるのかもしれません。

しかし、マルクス、エンゲルス、ゲーテやベートーヴェンなど歴史に残る多くの人材を生んだドイツ国民が、なぜナチスのような人間完全否定《ひてい》の野蛮《やばん》、狂暴《きょうぼう》なメカニズムを許したのだろう――この本質を解明することは私の能力の範囲《はんい》を超《こ》えることで、他の資料におまかせする以外にないのですが、ナチスが台頭してきた時代は日本の軍部ファシズムによる暗闇《くらやみ》の時代と裏《うら》オモテの関係になっており、そのナチスとの軍事同盟《どうめい》ともいうべき防共協定を結んだ日本の侵略《しんりゃく》戦争の歴史をふりかえる時、決して他人事ではないという気がするのです。

ナチスの緻密《ちみつ》な近代科学に支えられた殺人計画はアウシュビッツに象徴《しょうちょう》される通りですが、日本軍もまた多少非科学的で衝動的《しょうどうてき》だったにせよ、一九三七年の南京での市民大虐殺《だいぎゃくさつ》など忘《わす》れがたい残虐な記憶《きおく》があり、しかもナチスはその日本軍国主義の神がかり的精神から学んだところが小さくなく、「SSの訓練期間で、国家のため、同時に彼らの神でもある天皇《てんのう》のため、自らを犠牲《ぎせい》とする日本人が、輝《かが》かしい手本と讃《たた》えられた」というルドルフ・ヘスの告白（『アウシュヴィッツ収容所』）には、思わずぞっとさせられます。ここまでくると、私たちはどうやら傍観者《ぼうかんしゃ》ではいられず、加害者としての責任の一部を負担《ふたん》しなければならないのかもしれません。

そこで、ナチスの政策《せいさく》が絶滅強制収容所に至《いた》るまでのドイツの背景《はいけい》を、日本とのかかわりを主に、ほんのちょっぴりだけ参考までに触《ふ》れるとしますと、——

一九二九年から三三年までの五年間が、ドイツ共和国崩壊《ほうかい》の時期と考えてよいわけですが、それまでのドイツは、男女平等の普通選挙権《ふつうせんきょけん》や労働者の団結権《だんけつけん》、言論《げんろん》や宗教《しゅうきょう》の自由などを保《ほ》障《しょう》した当時の世界でもっとも民主的なワイマル憲法《けんぽう》を持ち、議会政治、政党《せいとう》政治を備えて、首都ベルリンはある時期「赤都」と呼ばれていたこともありました。すなわち一九一八年、第一次世界大戦末期にキール軍港に水兵の反乱《はんらん》を口火としたドイツ革命《かくめい》が起こり、皇帝《こうてい》ウィルヘルム二世はついに退位せざるを得なくなって、新しい共和国政府ができたのです。

ただし、この革命はその前年レーニンに指導されたロシアの十月革命とちがって、社会民主主義者を主に連立内閣《ないかく》で政権《せいけん》は得たものの、その指導性ならびに志向性に明確なものを欠いていたのが、後に大きな亀裂《きれつ》となっていくことになります。第一次世界大戦に敗れたドイツは、天文学的な賠償金《ばいしょうきん》の負担をかかえ、さらに激《はげ》しいインフレで、アメリカなどからの借財にたより、かろうじて産業を維持《いじ》し生産能力を上向きにしかけていた矢先、その足元を根底からゆすぶったのが経済恐慌《けいざいきょうこう》でした。

一九二九年一〇月、アメリカのウォール街の株式《かぶしき》大暴落から始まった世界恐慌は、あえていえば資本主義経済の行きづまりから生じた破綻《はたん》といえるのですが、世界の資本主義諸国《しょこく》に大きな影響《えいきょう》を与《あた》えました。アメリカ資本に依拠《いきょ》し、輸出にたよっていたドイツ経済は、そのアメリカ資本が引き上げてしまい、輸出が停止することによって大混乱《だいこんらん》に陥《おちい》ったことが容易に想像されます。たとえば鉱工業の生産は恐慌前の半分近くに減り、失業者がぞくぞくと巷《ちまた》に溢《あふ》れ出ました。三一年から三二年の冬にかけて、完全失業者は六〇〇万人にも達しました。これに一日のうち短時間しか働けないパート・アルバイト型の労働者まで追加するなら、全労働者のうちの約半分近くがとぼしい失業手当をたよりにして、〝お先まっくら〟な窮乏《きゅうぼう》生活に追いつめられたことになるのです。特に年少労働者はまだ一人前の技術を身につけてなかったために、まっ先に職場から閉《し》め出されて、一九三一年に、二五歳《さい》以下の失業者は一五〇万人にもなりました。行き場のない若者《わかもの》たちは、食と職を求めて野良犬《のらいぬ》のようにアテもなく町をさまよい、絶望の目で、新しい秩序《ちつじょ》を作る強力な指導者の登場に一抹《いちまつ》の願いをかけたかもしれません。

ヒトラー・ナチスが急速に頭をもたげたのはまさにこの時期で、二八年五月の国会選挙でナチス党《とう》一二名を当選させたヒトラーは、ベルサイユ条約で失った領土を回復せよと訴え、「反資本主義、反ユダヤ主義、反共産主義」を主張して、希望と理想とをふさがれた若者たちを眩《げん》惑《わく》させ、またたくまに勢力を拡張《かくちょう》、二年後の三〇年九月の国会選挙で一挙に一〇七議席を獲《かく》得《とく》しました。ちなみに書けば、この選挙で第一党だったのは社会民主党で一四三議席、共産党は七七議席。二つのマルクス主義政党の合計議席数は二二〇議席。ドイツ共和国国会総議席数五八三議席の過半数までは七〇議席ほど不足したとはいえ、ヒトラー・ナチスの独裁《どくさい》政治を阻《そ》止《し》する勢力としては、決して不足はなかったはずなのに……と、だれしも首をかしげることでしょう。

この疑問に対して、反ナチ・レジスタンス運動の体験を持つフランスの歴史家ジルベール・バディア教授は『ヒトラーの前夜』で、つぎの三点を指摘《してき》しました。

①左翼《さよく》の分裂《ぶんれつ》、労働者運動における主要な両党（社会民主党・共産党）派《は》間の対立的なたたか

いがあった。

②ドイツ民衆《みんしゅう》――特に小市民層《そう》――のかなりの部分が、経済恐慌とその結果とに終止符《しゅうしふ》を打ってくれるだろうことをナチスに期待した。

③経済界《けいざいかい》の最有力者（独占《どくせん》資本）たちが財政的にナチスを援助《えんじょ》し、ドイツ国防軍の指導者がヒトラー支持にまわった。

③について若干《じゃっかん》補足しますと、経済恐慌が資本主義体制の政治的危機《きき》をもたらし人民大衆《たいしゅう》はその矛盾《むじゅん》を鋭《するど》く権力《けんりょく》に向け、ストライキやデモでたたかうようになってきたことで危機はますます深まり、独占資本と結びついた支配階級はこれまでのやり方では権力を保持できぬと考えたのでしょう。ファシズムと戦争への道に目を向けることで危機脱出《だっしゅつ》をはかり、ために物心両面からナチスへ手を差しのべた、と見てよいかと思います。

これに対し社会民主党および労働組合の右翼《うよく》的指導者層は「より小さな害悪」の政策で共産党との距離《きょり》を開き、その分だけ支配階級寄りとなって、実に悲しくも残念なことに、反ファシズム共同戦線の砦《とりで》は心ある人びとの熱い期待を満たすことなく、砂《すな》の塔《とう》のように崩《くず》れていくのでした。

＊　楠悦郎訳「アウシュビッツ強制収容所ガイドブック」（草土文化）

日独防共協定が結ばれ

ここで、その時代の日本へと目を移しますと、あまりにも多くの共通点があり、そして、それがまた不思議に現代の日本の状況《じょうきょう》とも類似《るいじ》していることに、目を見張らずにはいられません。

一九二九（昭和四）年の世界恐慌《きょうこう》は、アメリカ経済《けいざい》の傘《かさ》の下にあった日本もその余波を避《さ》けることができず、町にも村にも恐慌の嵐《あらし》が未曽有《みぞう》の不景気風となって吹《ふ》き荒《あ》れました。あいにくと農村はひどい凶作《きょうさく》続きで、米、農産物の価格はみるみる低下し、食うに困《こま》った農家の中には、小学四年生の娘《むすめ》まで五〇円、八〇円とかで芸者屋に売る始末。疲弊《ひへい》した農村とともに都会では失業者と自殺者ばかり増えて、三〇（昭和五）年には一万三九四二人からの自殺者が出、翌《よく》三一（昭和六）年になりますと、あまりにもやりきれない世相なのでしょうか、古賀政男作曲による「酒は涙《なみだ》かため息か」が一世を風靡《ふうび》したところを見れば、みな涙のかわりにため息ばかりついて、うさ晴らしをしていたのかもしれません。

この矛盾《むじゅん》はどこにあるのか、と考えた人も多かったことでしょうが、すでに批判《ひはん》勢力の中心ともいうべき共産党《きょうさんとう》は二八年三月一五日の大弾圧《だいだんあつ》を受け、表面での活動を封《ふう》じこまれ、国会に議席を持つ労働農民党の学者代議士山本宣治《せんじ》は、二九年に右翼《うよく》の刃《やいば》に殺されていました。くさいものには蓋《ふた》をして、国民を涙とため息のエロ、グロ、ナンセンス文化で酔《よ》わせ麻痺《まひ》させたところへ、軍部は「活路は満蒙《まんもう》にあり」と景気いいアドバルーンを打ち上げたのです。満蒙とは今日の中国東北部のことで、そっちに資源《しげん》があるからそこで不景気を打開しようといわんばかりに、三一（昭和六）年九月いわゆる満州事変が勃発《ぼっぱつ》、ここから日本は一五年にも及《およ》ぶ長い悲劇的《ひげきてき》な中国との戦争の道をひた走りに走ることになったのは、ご存知《ぞんじ》の通りです。

翌三二（昭和七）年、東京のはずれは荒川《あらかわ》放水路の土手下の長屋に、私は生まれました。この年、「赤旗」は対中国への侵略《しんりゃく》戦争の危機《きき》を警告《けいこく》し、反戦闘争《はんせんとうそう》を呼《よ》びかけましたが、社会民主主義政党《せいとう》との統一行動はついに成立することなく、それればかりか社会民衆《みんしゅう》党は三一年一月の中央委員会で急に右旋回《みぎせんかい》して満州事変（侵略戦争）支持を打ち出し、三二年七月労農大《たい》衆《しゅう》党と合同して社会大衆党になり、「反ファシズム、反資本主義、反共産主義」の看板《かんばん》を掲《かか》げて、労働者大衆を裏切《うらぎ》っていきます。これを三反綱領《こうりょう》といいます。三反綱領が掲げられたこの月、目をドイツに移せば国会選挙で、ナチスが第一党にのし上がった月でもありました。台頭してきたばかりのファシズムは、資本主義も共産主義も反対と、ある種の「新左翼」めいた幻想《げんそう》をふりまき、これにまどわされた人びとは、かならずしもドイツ国民だけではなかったのです。社会大衆党が掲げた三反綱領は反ユダヤ主義だけを除《のぞ》けば、ヒトラーの主張と、二項目《こうもく》まで奇《く》しくもぴたりと合致《がっち》するのも決して偶然《ぐうぜん》といえないかもしれません。

翌三三（昭和八）年、小林多喜二が虐殺《ぎゃくさつ》され、それを合図にするかのように良心的な自由主義者、社会民主主義者の弾圧《だんあつ》、迫害《はくがい》が始まり、三六（昭和一一）年、日独防共協定が結ばれ、その翌年《よくねん》にはイタリアがこの協定に参加して日独伊《にちどくい》防共協定となります。四〇（昭和一五）年九月、ベルリンで正式に調印された日独伊三国防共協定は、侵略と抑圧《よくあつ》と反動を主要な特徴《とくちょう》とした軍事同盟《どうめい》で、コミンテルン（共産主義インタナショナル）に対抗《たいこう》し東西にまたがる三カ国のファシズムは「反ソ」「反共」のトリオとなって、ここから戦争の火の手が全世界へと拡大《かくだい》していくことになります。翌年一二月八日、日本軍はマレー半島に上陸開始、真珠湾《しんじゅわん》を奇襲《きしゅう》攻撃《こうげき》、米英に宣戦《せんせん》を布告しました。

ファシズムは、これまでの歴史の流れからいえば、常に戦争の火つけ人であったことを、私は心に刻《きざ》みこんでおきたいと思います。

「ジーク・ハイル」の大喊声《だいかんせい》

一九三八年一二月四日、ドイツのある町の集会所で行った演説で、ヒトラーは次のように述べました。

この少年たちは一〇歳《さい》でわれわれの組織に入り、そこで、時によると初めて新鮮《しんせん》な空気を吸《す》い、感じる。それから四年後に、少年団からヒトラー青年団《ユーゲント》に入り、そこにわれわれは彼《かれ》らをふたたび四年間入れておく。そうなればいよいよ、彼らをわれらの階級製造者どもの手になぞ渡《わた》しはしない（笑）。われわれは彼らをただちに党《とう》に、労働戦線に、突撃隊《とつげきたい》（SA）に、あるいは親衛隊（SS）に、ナチス自動車隊（NSKK）等々《などなど》に入れる。そこに二年か一年半いて、それでもまだナチス主義者になりきれないようだったら（笑）、労働奉仕《ほうし》隊に入って、そこで六、七カ月揉《も》まれる。すべては一つの象徴《しょうちょう》、すなわちドイツの鋤《すき》をもって行われるのだ（喝采《かっさい》）。それから六、七カ月後に、まだ階級意識、あるいは身分妄想《もうそう》がそこいらに残っているようなことがあったら、今度は国防軍が向う二年間引受けて治療《ちりよう》をつづける（喝采）。そして二年三年、あるいは四年後にもどってきたら、二度と再発しないように、われわれはすぐにまた突撃隊、親衛隊等々に入れる。そうすれば、彼らはもう一生涯《しようがい》自由でなくなる。……（勝利を！の叫《さけ》び＊）

ヒトラー・ナチスが、ドイツの若者《わかもの》たちをどのようにとらえたか——の疑問《ぎもん》に答えるヒトラー自身の演説の一部（『ヒトラーとナチス』）ですが、一〇歳から始まるナチズムの思想教育がここにあきれるほど念入りに紹介《しようかい》されています。彼らに階級意識をうえつける階級製造者どもというのは、もちろんマルクス主義者のことで、その「妄想」をたたき出すための治療法《ちりようほう》には、ヒトラーの情熱と執念《しゆうねん》がこめられ、最後には「もう一生涯自由でなくなる」とさけんだ時、自由を一生涯失ったにちがいない若者たちが、ジークハイルの大喊声で答えたのは、なんとも不気味でぞっとさせられます。ここに芽生えた狂信《きようしん》思想が、いずれまもなくユダヤ人絶滅《ぜつめつ》の強制収容所《しゆうようじよ》にたどりついたにしても、不思議ではないかもしれません。

ヒトラー・ユーゲントが全国的な統一青少年団組織として創設《そうせつ》されたのは一九二六年のことで、誕生《たんじよう》してしばらくは二〇〇〇名たらずだった団員が、三二年には一〇万人を超《こ》え、三六年には八〇〇万人と実に驚異的《きよういてき》な数字となって膨張《ぼうちよう》していきます。もっとも、ドイツ国内に居住する全ドイツ青少年はユーゲントに「統括《とうかつ》セラル」（規約）となれば、ユーゲントに加入してない者は青少年にあらざる者と同様で、ユダヤの血のまじった青少年だけは服務不能者として、最初から除外《じょがい》される差別規定が盛《も》りこまれていました。つまりユダヤ人に関しては、たとえ該当《がいとう》の年齢《ねんれい》といえども、ドイツ青少年とは見なされなかったのです。

もっともヒトラー・ユーゲントのみならず、ナチ党の綱領《こうりょう》にも、ユダヤ人はドイツ民族ではないということが明記され、ドイツ人の血の持ち主だけがドイツ民族の一員とみなされ、ドイツ国家の市民たりうることが、すでに一九二〇年の段階《だんかい》で公言されていました。二年後の二二年に、ヒトラーはユダヤ人問題に触《ふ》れて「ここでもやはり、妥協《だきょう》はありえない。二つの可能性しかないのだ。アーリア人の勝利か、あるいは、アーリア人の絶滅ならびにユダヤ人の勝利か……」、アーリア人というのはもっとも純粋《じゅんすい》なゲルマン民族の血筋《ちすじ》のことをさしているのですが、三〇年になるとヒトラーの予言はさらに飛躍《ひやく》し、マルクス主義とユダヤ人が一体のものになって、「世界のボルシェビキ化ならびにユダヤ人の勝利か、あるいは、世界のアーリア化ならびにユダヤ人の破滅《はめつ》か」と、反ソ反共の旗を掲《かか》げて、ユダヤ人抹殺《まっさつ》に乗り出し、ゲルマン民族による世界支配の野望を表現するようになります。

ユダヤ民族に対する狂信的な人種民族差別と迫害《はくがい》はヨーロッパの歴史的なもので、かならずしもヒトラーだけにそのすべての責任を負わすことはできないのですが、民族そのものの絶滅を公言し、国家的な規模《きぼ》による大量殺人へと踏《ふ》み切ったのは、やはりヒトラー・ファシズムで、現代文明と理性に対する最大の反逆だったといわねばなりません。

国会選挙でナチ党が一〇七議席を獲得《かくとく》した一九三〇年頃《ごろ》から、ヒトラー・ユーゲントの動きが活発になり、ドイツの子どもたちは一〇歳になったとたんから、ナチズムの絶えまのない影《えい》響《きょう》下《か》におかれるようになりました。彼らはそろいのユニホームにハーケンクロイツ（鈎《かぎ》十字）の腕章《わんしょう》をつけ、〝血と名誉《めいよ》〟と記された短剣《たんけん》を腰《こし》に、「いずれまもなく世界を征服《せいふく》するぞ」と歌って、靴音《くつおと》も高く町中をねり歩きました。その歌は「なぜならば／いまや全ドイツ我《われ》に帰せり／あしたこそ／世界はすべて我《わ》がものならん」というのです。

それまでにあった自主的な青年クラブは、一つ残さずつぶされて、ナチ党の政策《せいさく》に無条件に従《したが》うヒトラー・ユーゲントにすべてのドイツ青少年が吸収《きゅうしゅう》されていくあたり、私の少年時代の大日本青少年団を思い起こすに十分です。私たちのほうは現人神《あらひとがみ》＝天皇《てんのう》の「赤子《せきし》」の大和《やまと》民族で、したがって神の国がはじめた戦争は「聖戦《せいせん》」であり、大和民族にはむかってくる敵は「鬼畜《きちく》」と呼ばれて、ほんとうにツノでもはえているかのように教えられ、信じこみ、生徒たち全員が赤鷲《あかわし》のマークを胸《むね》につけて、学校単位で大日本青少年団の一翼《いちよく》となったのでした。

そもそも大日本青少年団そのものが、ヒトラー・ユーゲントに刺激《しげき》され、模倣《もほう》して作られたもので、両者の代表団交歓訪問《こうかんほうもん》はひんぱんに行われ、詩人北原白秋は国民歌謡《かよう》として「独逸《どいつ》青少年団歓迎《かんげい》の歌」を作りました。

燦《さん》たり　輝《かがや》く　ハーケン・クロイツ
ようこそ遥々《はるばる》　西なる盟友《めいゆう》
いざ今見えん　朝日に迎《むか》へて
我等ぞ東亜《とうあ》の　青年日本
万歳《ばんざい》ヒトラー　ユーゲント
万歳ナチス**

………

天皇と神国日本のために命を捧《ささ》げるのが私たち少国民の大和魂《やまとだましい》ならば、ドイツのナチ魂は、「総統（ヒトラー）の意思をありとあらゆる手段《しゅだん》によって遂行《すいこう》する」「総統の理想を遂行して死ぬことは生きていることよりも光栄である」という短剣に記された「血と名誉」とに象徴された絶対的な狂信思想が、あたかも神風精神のように若《わか》い胸の底に植えつけられ、かれらを無条件の服従《ふくじゅう》へと追いたてていく。かれらは人種的に自分たちゲルマン民族が世界でもっとも優秀《ゆうしゅう》な民族と考え、エリートたちによる「第三帝国《ていこく》」を築くために劣等《れっとう》民族ならびにボルシェビキを、この地球上から絶滅しなければ……という職業的殺人者に変貌《へんぼう》していくのでした。

ナチス最精鋭SSの最大供給源《きょうきゅうげん》は、まさしくヒトラー・ユーゲントにあったと見ることができますが、だれでもがSSになれるとはかぎらず、その資格はかなりきびしく、金髪《きんぱつ》と青い目をしたエリートで、身長は一七〇センチ以上と規定されており、どんなに優秀でも見てくれの悪いチビはだめなのです。身長についてSS最高司令官のヒムラーは「私は、背丈《せたけ》が一定の高さを越《こ》える人びとが、どういうものか必ず理想的な良い血を持っていることを知っている」と発言したことがありますが、これほど単純《たんじゅん》なドグマもめずらしく、SSにはその単純さを超えた厳重《げんじゅう》な種族選別と盲目的《もうもくてき》服従とが要求されたのでしょう。

SSはエリートとしてのゲルマン民族の血を後々まで残す必要から、結婚《けっこん》の自由もありませんでした。婚約者《こんやくしゃ》はアーリア人の血統書を提示し、その書類を上官が妥当《だとう》と判定、許可があった場合にのみ結婚が成立します。娘《むすめ》もまた大変で、一定の医学検査と肉体上さまざまな試験に合格しなければなりません。結婚すればほっと一息つくゆとりもなしに、新妻《にいづま》はナチスの学習学校に全員入学して、SSの精神で政治的な教育がほどこされ、純血《じゅんけつ》種族の思想から生じるイデオロギーを身につける（『ゲシュタポ・狂気《きょうき》の歴史』）とは、にわかに信じがたいような話ですが、ヒトラー・ユーゲントからはじまって、子どもも若者も、男も女も頭のてっぺんから足の爪先《つまさき》まで、「狂信」思想にがんじがらめにされたと考えてまちがいないのかもしれません。

ワルシャワ郊外、片田舎の教会墓地で見つけた墓碑銘には、こんな文字がきざまれていました。

ポーランドを語るのはやさしい
だが　ポーランドのために
たたかうことはむずかしい
もっとむずかしいのは
ポーランドのために死ぬことだ
しかし　さらに苦しいのは
この拷問《ごうもん》に耐《た》えることだ

＊　H・グラッサー著、関楠生訳『ヒトラーとナチス』（社会思想社）
＊＊　山中恒著『ボクラ少国民』（辺境社発行、勁草書房）

ワルシャワ　街角のモニュメントの前で

一九三二年七月、ドイツ国会選挙でナチ党《とう》は二三〇議席、全投票数の三七・三パーセントを得て、ついに第一党にのし上がりました。これに対する社会民主党《みんしゆとう》と共産党《きようさんとう》の得票率は合計して三五・九パーセントで、ほぼ互角《ごかく》のきわどいところ。

ファシズムの危機《きき》は、いよいよ目前に迫ったのです。

ドイツ共産党の指導者の一人で国会議員だったクララ・ツェトキン女史は、老体に鞭《むち》うち悲《ひ》壮感《そうかん》のある声で、国会壇上《だんじよう》からファシズムをしりぞけるための全労働者の統一戦線の急務を提唱しましたが、社会民主党との足なみはそろわず、この亀裂《きれつ》がやがて恐《おそ》るべき事態へと人びとをみちびく結果になりました。社会民主党はナチスよりも、共産党に追いつめられることをおそれ、共産党もまた権力《けんりよく》を得た場合の社会主義政権《せいけん》の構想（三〇年八月の公式アピール）を急ぐあまり、民主主義と人民大衆《たいしゆう》のさまざまな要求と権利《けんり》を守るたたかいの積極性に弱く、ファシズムに対する態勢を急速にかためたものの、ドイツ政界は大波のように激動《げきどう》して、四カ月後ふたたび選挙となりました。

三二年一一月の選挙では、破竹の勢いで得票してきたナチス党が、ベルリンの交通労働者のストライキその他大衆闘争《とうそう》の高まりにあおりを受けて、全国で四・二パーセント減の一九六議席。これに対していちじるしい躍進《やくしん》をとげたのは共産党で、前回より一一議席増の一〇〇議席、社会民主党が一二一議席。仮にこれを日本流に社・共というならば両者で計二二一議席で、まだまだナチ党を上まわる勢力であることはたしかでした。両党のスクラムさえあれば。……

社会民主党と共産党ならびに全労働者階級の前進と団結とをおそれた独占《どくせん》資本は、支配階級と結んで先手を打ち、ヒトラー・ナチスに内閣《ないかく》をゆだねることを急ぎ、翌《よく》三三年一月三〇日、ヒンデンブルグ大統領は、ヒトラーに組閣《そかく》を委任しました。この日、共産党は社会民主党と全労働組合に対し、ゼネストでたたかうことを呼《よ》びかけましたが、民主勢力の中のしこりは依然《いぜん》として深く、一部に積極的な共同闘争も行われたものの、全労働者階級の歩調は乱《みだ》れ、重戦車のように突進《とっしん》してくるファシズムを阻止《そし》するだけの力にはなりませんでした。

それからわずか一カ月も経《た》たない二月二七日、ナチスはドイツ国会に放火し、これこそ共産党の陰謀《いんぼう》だと発表、またたくまに公然たる暴力とテロが全ドイツにひろがります。その夜のうちに共産党闘士《とうし》四〇〇〇人が逮捕《たいほ》され、翌二八日早朝には共産主義の暴力行為《こうい》防止のためという口実で、「国民と国家の防衛のための緊急令《きんきゅうれい》」が発動（ということは、それ以前から法令案文

ワルシャワの街角のモニュメントの前にたつ作者

が用意されていたことになるが）、ワイマル憲法《けんぽう》が保障《ほしょう》していた国民の基本的人権《じんけん》と自由が廃棄《はいき》され、三月二四日、「国民と国家の困難除去《こんなんじょきょ》のための法律《ほうりつ》」（全権《ぜんけん》委任法）が公布され、そこにはドイツ国法律が「ドイツ国憲法に定める手続によるほか、ドイツ国政府によっても制定され得る」また、「ドイツ国政府が決定したドイツ国法律は総理大臣によって制定され、ドイツ国法律公報をもって公布される」と記されていました。これでワイマル憲法は完全に地に落ちて、ヒトラーは自由気ままに法律を制定できる独裁権《どくさいけん》を得、立法はテロの道具と化したのでした。

もう選挙もなく、国会もあってもないに等しく、共産党は解散させられ、ひきつづきすべての労働組合も五月二日、ナチス突撃隊《とつげきたい》に組合事務所を占《せん》拠《きょ》され、強引《ごういん》に解散。六月二二日、国会議事堂焼き打ちは共産党員というナチスの発表をうのみにして、機関紙「フォールベルツ」(前進)に共産党を批難《ひなん》し、こちらには関係なしの態度を表明していた社会民主党も、三ヵ月おくれでついに共産党と同じ運命をたどることになりました。七月一四日、「政党《せいとう》新設禁止法」が発令されて、ナチスのみがドイツ国の唯一《ゆいいつ》の政党であることが規定され、ヒトラーが政権についてからわずか半年たらずの間に、暴力的・専制的《せんせいてき》政治支配のファッショ政権が、かつて「赤都」といわれたことさえあるベルリンにコンクリート打ちされたのでした。ドイツ共和国崩壊《ほうかい》の歴史をふりかえる時私は、ベルリンの名牧師としてナチスに抵抗《ていこう》し、一九三七年以降《いこう》強制収容所《しゅうようじょ》に捕《と》らわれの身となった神学者マルチン・ニーメラーの、反省を込《こ》めた回想記を思い出さずにはいられないのです。

「共産党員が迫害《はくがい》された。私は党員でないからじっとしていた。社会党員が弾圧《だんあつ》された。私は党員でないからやはりじっとしていた。学校が、図書館が、組合が弾圧された。やはり私はじっとしていた。教会が迫害された。私は牧師だから行動に立ち上った。しかしそのときはもう遅《おそ》すぎた」

ドイツの民主陣営《じんえい》は、おそらく世界でも最強勢力でしたが、最初から最後まで不統一だったことで、ナチスに足をすくわれたことを、現在から未来への私たちの教訓にしたいものだと思います。

一九三三年三月、共産党が解散させられたあたりから、ナチスの政策《せいさく》に反対し抵抗し、あるいは批判的《ひはんてき》な者のための強制収容所が、ドイツ本国から始まって全ヨーロッパに作られ、おびただしい人びとが言語に絶する拷問《ごうもん》を受けて生命を奪《うば》われ、そしてヒトラーはユダヤ民族の絶滅《ぜつめつ》を宣言《せんげん》しました。三九年九月一日、ナチス・ドイツ軍が宣戦《せんせん》布告もなしにポーランドに侵攻《しんこう》し、第二次世界大戦の悲劇《ひげき》の幕が切って落とされましたが、その結果、ナチスの引き金によって出た戦死者は二七〇〇万人を数え、このうち五五〇万人がドイツ人でした。『ヒトラーの前夜』のバディア教授は、その著書《ちょしょ》の最後を次のような言葉で閉《と》じるのです。

「はじめはそれを信じることのできなかった全世界の人びとにとって、電流柵《さく》や強制収容所のバラックのそばの、肉の無い、累々《るいるい》たる屍《しかばね》の山を思い浮《う》かべることは、単に恐怖《きょうふ》の限界をもっと拡《ひろ》げただけではなく、ヒトラーのファシズムが実際に何であったかを、よく理解させるものである。それはまた、心の弱さ、臆病《おくびょう》、あるいは無知によって、ドイツ共和国の終末とヒトラーの到来《とうらい》とを早めた、すべての人々の責任がどれほど大きいかを推測《すいそく》させてくれるのである……」

ザクセンハウゼン強制収容所《しゅうようじょ》へ

アウシュビッツ訪問《ほうもん》後、私たちは東ドイツへ足を延《の》ばし、ベルリンから北へ三〇キロ、オラニエンブルグ近郊《きんこう》に今もなお保存《ほぞん》されているザクセンハウゼン強制収容所跡《あと》をたずねました。

この収容所は、かつてアウシュビッツの第一代司令官だったルドルフ・ヘスが、その以前に副司令官としてのポストを得ていたところで、一九三三年に設置され、ナチスの最初のガス殺《さつ》戮《りく》実験場としての重い意味を持つところです。アウシュビッツがポーランド国民の被害者《ひがいしゃ》としての立場から一分の妥協《だきょう》もなくナチスの犯罪を告発しているとすれば、こちらはそのナチス・ドイツを生みだし容認《ようにん》したドイツ国民の、加害者としての責任を問いつめる視点《してん》に大きな差があり、私はその追及《ついきゅう》の鋭《するど》さに衝撃《しょうげき》と感動を覚えました。自国民の加害面を告発するということは、決して容易なことでなく、たとえば日本に原爆《げんばく》資料館は存在《そんざい》しても、日本軍が中国大陸、東南アジア諸国《しょこく》でしでかした大量虐殺《ぎゃくさつ》についての記念館、博物館などは、およそ考えられないからです。

ザクセンハウゼン収容所もまた、見学者にとってはかなりの勇気が必要とされるところで、ここでは選別でガス室行きにえらばれた囚人《しゅうじん》たちに、そのあと身体検査と称《しょう》する関門がありました。といっても口中だけの検査で、金歯のない者はガス室へ直行し、該当者《がいとうしゃ》はマークをつけられてつぎの部屋へ。身長を計るためにと一定の場所に立たされますと、背後《はいご》の壁穴《かべあな》から弾丸《がん》が後頭部を射抜《いぬ》くことになり、その後に金歯を取られて焼却炉《しょうきゃくろ》行きという、おぞましい段取《だんど》りです。アウシュビッツとちがって、ガス室の設備が十分でなく、収容人員に限界があったのでしょう。

この記念館には、囚人たちの口中から力ずくではずしたという金歯、銀歯、金冠《きんかん》から義歯《ぎし》床《しょう》の類《たぐい》からペンチや金テコの道具まで展示《てんじ》してあり、さらにまた奇妙《きみょう》なガラス瓶《びん》や針や注射器《き》が……。その上にアブストラクト風の入《い》れ墨《ずみ》のほどこされた上半身の写真が掲《かか》げてあってなにかと思いましたら、もともと入れ墨のある囚人たちは、さらにここで嗜虐《しぎゃくてき》的な入れ墨装飾《そうしょく》が追加され虐殺された後に、その皮がはがされて電気スタンドやブックカバーにされたとのこと。なんともすさまじい話で、タジタジとなります。

案内人は五十歳《さい》くらいの金髪《きんぱつ》で品のいい女性でしたが、記念館の館長さんの要職にあり、かつてこの収容所で父を殺されたこと、ファシズム告発のために自分から選んでこの職業についたことを熱情こめて語り、さらにもう一言つけ加えたのでした。

「まだファシズムは根絶されたとはいえません。現にここで囚人たちの金歯をはずし、残忍な入れ墨にまで手を出したナチスの医師は、今もなお西ドイツに健在です」

「その人の名は？」

私の質問です。

ハインツ・ボウムクター、と館長さんは正確に発音しました。西ドイツのイゼロという町で開業医をしている、と。

「しかし、……その西ドイツ連邦《れんぽう》議会は、たしか一九七九年七月、ナチ犯罪の永久時効停止を決議した、と日本の新聞で読みましたが……」

「それは、日本流にいいますとザル法でして、かならずしも一〇〇パーセントの効果は期待できないのです」

館長さんは、やや自嘲《じちょうてき》的に笑い、両手をひろげて見せるのでした。

ザル法。たとえザル法にしても、戦争犯罪人の永久告発などおよそ日本では考えられぬことで、一〇〇パーセントは無理だとしても、五〇でも六〇パーセントでも効力を持てば、りっぱなことといわねばなりません。

現在、西ドイツを若干《じゃっかん》例外とする世界各国で、東ドイツでもポーランドでも、オランダ、チェコスロバキア、オーストリア、イスラエル、ベルギーでも、旧ナチス分子の追及はそれこそ草の根を分けるようにして行われ、各地で捕《と》らえた者たちへの弾劾裁判《だんがいさいばん》が続いています。

ナチ犯罪追跡《ついせき》機関で、もっとも精力的に活動中の民間組織の一つ、ユダヤ人記録センターは、オーストリアのウィーンにありますが、ここには今もなお一日に四〇～五〇件からの情報提《てい》供《きょう》があり、二万五〇〇〇件にも及《およ》ぶ膨大《ぼうだい》な立証記録がファイルされています。目下その中の一九〇〇件を追跡中とのことで、最大の的は元アウシュビッツ強制収容所の医務部長だったヨーゼフ・メンゲルレ。

メンゲルレは当時三三歳。アウシュビッツでのありとあらゆる人体実験の指揮《しき》を取り、常にワグナーのオペラ曲を口笛で吹《ふ》きながら、全裸《ぜんら》の女囚《じょしゅう》たちを選別し眉《まゆ》一つ動かすことなくガス室へ送りこむことで〝死の天使〟とおそれられていましたが、直接彼が指示して生命を奪《うば》った数はすくなくとも四〇万人。子どもの眼球にさまざまな染料《せんりょう》を注射して、目の色を変える変質的な生体実験まで進んで手がけたともいわれます。

メンゲルレは敗戦直前、南米に逃亡《とうぼう》し、パラグァイで市民権《しみんけん》を得た後、医師としてアルゼンチンを行き来していたようですが、六〇年五月アドルフ・アイヒマン（ユダヤ人粛清《しゅくせい》部隊の指《し》揮官《きかん》）が逮捕《たいほ》されて絞首刑《こうしゅけい》になった後は、危険《きけん》が迫《せま》ったと見てか行方《ゆくえ》をくらましました。ユダヤ人記録センターは有力情報提供者《ていきょうしゃ》に五万ドルの賞金を懸《か》け、現在六八歳の〝死の天使〟を追いつめる国際捜査網《そうさもう》が刻々《こっこく》と狭《せば》められているところ――のニュースが、『朝日新聞』（79・

11・21）に報じられています。もしメンゲルレが逮捕されれば、アウシュビッツの大量虐殺はドイツ国民の加害責任をふくめ、世界中の注目の中でふたたび新たな裁《さば》きを受けるのかもしれません。

メンゲルレのような超大物《ちょうおおもの》はともかくとして、ナチスが嵐《あらし》のような勢いで台頭してきた時期になんらかのかたちでナチズムに関与《かんよ》した人はすくなくなかったかと思うのですが、そのかかわりのしかた如何《いかん》によっては、現在の地位や名誉《めいよ》も揺《ゆ》らぐケースもあります。次は西ドイツの場合で、『毎日新聞』（79・8・15）から。

ブレーメン市の建設長官シュテファン・ザイフリッツ氏は社民党《しやみんとう》代議士で、五二歳の働き盛《ざか》りですが、さかのぼること三五年前、一九四四年にナチの宣伝《せんでん》新聞にユダヤ人迫害《はくがい》を称賛《しょうさん》した原稿《げんこう》を書き、その内容が明るみに出されて七九年七月に辞職しました。同氏は当時一七歳。戦時中の過《あやま》ちを認《みと》め、社民党は同氏の議員立候補《りっこうほ》に際してブレーメン在住のユダヤ人団体の意見をきき、一〇代の反ユダヤ行為《こうい》までさかのぼって追及する意志はないという確認《かくにん》を得ていたのですが、地元新聞がザイフリッツ論文《ろんぶん》を三五年ぶりに紹介《しょうかい》するに及んで、ついに建設長官の地位を去ることになったというもの。

戦争責任の追及に一〇〇パーセントの効果は期待できないはずの西ドイツの例として、ザイフリッツ事件は注目してよいかと思います。東ドイツの場合には、当然ながらさらにきびしく、大戦中にナチ思想に共鳴し、その伝達者だった者に関しては、戦後まもなく慎重《しんちょう》な審査《しんさ》が行われました。特に教育者の場合は厳重《げんじゅう》をきわめ、たとえ一カケラなりとも、ヒトラーの狂信《きょうしん》思想を教室に持ちこんだ教師は、一人残らず教職から追われました。すると教員数はがっぽりと減少したのですが、その後ドイツ民主共和国政府が取った対策《たいさく》は、なかなか興味深く、一人ひとりの親にアンケートを発送し、この人ならば安心してわが子の教育をまかせられるという人材を、各階層から推薦《すいせん》させたという。その結果、工場労働者であっても父母たちの期待を受けて立とうという人を、二年間の教職専門《せんもん》大学に行かせた後、教師にしたてたということでした。

ドレスデンの町で私たちを歓迎《かんげい》してくれた市の副教育長のナッシュさんは元は大工職人でしたが、一八歳で教師にえらばれ生徒たちを前にしての授業はいかにもあやしく、時にスペルもまちがえたが、反ファシズムの心は固かったという発言が印象的でした。氏はさらにつけ加えて、やむを得ずナチスに協力し、戦後ひたすらに反省した人びとに関しては、現在もそれなりの職業と地位とが与《あた》えられているとのことでしたが、「やむを得ず」という境界線をどのあたりに引くかはかなりの難問《なんもん》で、どんなに悩《なや》み深い作業だったことかと想像しました。

ついで西ドイツの例をもう一つ、『毎日新聞』(79・11・21)から紹介しますと、一九七九年一〇月二三日のこと、ケルン地方裁判所《さいばんしょ》で、三名の被告《ひこく》が、やはりナチ戦犯容疑《ようぎ》で起訴《きそ》されました。

三名の被告は、一九四二年三月から四四年五月に至《いた》る期間に、すくなくても七万三〇〇〇人のユダヤ人を計七三の列車編成で、フランスからアウシュビッツその他の強制収容所へ送りこんだゲシュタポの元パリ地区幹部だったのです。裁判所は、フランスから押しかけてきたユダヤ人遺族《いぞく》と、生き残りの人たちで大混乱《だいこんらん》し、「人殺しリシュカ、人殺しハーゲン……」と、被告らの名を連呼《れんこ》するシュプレヒコールが、法廷《ほうてい》にまで響《ひび》きました。

被告側《ひこくがわ》は、この裁判で、集団移送は上官の命令によるものであり、移送が集団虐殺のためとは知らなかったなどを理由に無罪を主張しましたが、検察側は、リシュカがゲシュタポの最高責任者として署名《しょめい》した移送命令書などの証拠《しょうこ》を続々と提出し、さらに生き残りのユダヤ人らの証言が、今は実業家や市長にまでのし上がった三人を追い詰《つ》めました。

被告らの犯罪時点からだと、実に三七年もの歳月《さいげつ》が経過したわけですが、かれらの居場所を突《つ》きとめ、その犯罪を立証したのは、サム・メトゲという一人のユダヤ人でした。彼はナチス追及を人間としての義務としているのですが、被告たちの刑《けい》の大小にはさして関心がないとメトゲはいい、次のように言葉を続けました。

「この訴訟《そしょう》は、西独で現在開かれている数々のナチ裁判と、三つの点で大きな違いがある。一つは被告が雑魚（ざこ）ではないこと。彼らはアイヒマン、ヒムラーの共謀者《きょうぼうしゃ》だった。第二に被告らの肉筆のサインを残す証拠書類が完ぺきにそろっていることです。時間も彼らの犯跡《はんせき》を消せなかった。三番目はフランスのユダヤ人が公判の行方を監視《かんし》していること。この訴訟では事実の上でも、国際的影響《えいきょう》という点でも言い逃《のが》れは許されない。被告も国家も。逃《に》げ得をむさぼっていたナチス犯罪人を、ドイツが告発した。ドイツにはまだそれだけの勇気と能力があった。この事実を歴史は忘《わす》れないでしょう。これは私の国の名誉にかかわる問題です」

ナチ犯罪追跡各州合同調査センターの調べだと、戦後（四五年から七八年までに）死刑《しけい》をふくむ処罰《しょばつ》が確定した者は、西ドイツ国内だけで六四八〇人。捜査《そうさ》の対象にした者は三万一八四七人に達しました。同センター設立後は八二〇人を告発し、終身刑《しゅうしんけい》一一九人、有期刑《ゆうきけい》四〇〇人、証拠不十分などによる無罪三〇一人とのこと。

ひょっとすると、ザクセンハウゼン強制収容所の女性館長が告発したハインツ・ボウムクターなる元ナチス分子もまた、西ドイツのイゼロで今ごろ起訴裁判の法廷に引きずり出されているのではないでしょうか。ナチス戦犯は、世界中どこにも、もはや〝安息の地〟は失われつつあるのです。

いや、どこにもといっては語弊《ごへい》があるかも。第二次大戦の侵略国《しんりゃくこく》の一つであり、A級戦犯が靖国《やすくに》神社に合祀《ごうし》され、さらにまた彼らの処刑跡地《しょけいあとち》に記念碑《きねんひ》まで作られるという国だけはあきらかに別で、ヨーゼフ・メンゲルレも、この国まで高飛びすれば安全かもしれません。

復興されたスタレ・ミアスト

あれから三〇年余、ナチスへの憎悪《ぞうお》と敵視《てきし》は消えることなく、逆に日増しに濃厚《のうこう》になるかのような迫力《はくりょく》でナチ戦犯を追い続ける人びとの動きを見ていきますと、それは一つの「執念《しゅうねん》」というべきでしょうが、ありきたりの言葉で片付《かたづ》けられないほどのすさまじさを感じてなりません。

たとえば、ワルシャワの町を散策《さんさく》してみても、ほとんど数軒《すうけん》おきにといっていいほど、個々の住居に作られたモニュメントに、私たちは圧倒《あっとう》されます。その気になって歩けば、小一時間で一〇ヵ所以上のそれぞれちがった記念碑《きねんひ》を発見することができるほどです。ちょっとした壁《かべ》の目の高さのところに、通りすがりの赤レンガの塀《へい》に、さらにはまた舗道《ほどう》のきわに無数の石材を積み重ねてケルン風に……同じものが一つとして見当たらないのは、個人の自由意志によって作られたことの証明で、したがって、左右に垂《た》れる紅白《こうはく》のリボンも花輪もみな新しくいきいきとしているのです。

リボンの下には、だれがいつ、この場所で死んだか殺されたかの文字が刻《きざ》まれ、「いつまでもいつまでも忘《わす》れない！」の文字もありますし、なかには生前の面影《おもかげ》がしのべるように、ペンダント形の大きさで、丸いレンズのはめこまれた遺影《いえい》もあります。なるほどこの国は、あの戦争で五人に一人の生命が失われたのだから……と考えてみるのですが、そんなことをいえば広島の原爆《げんばく》落下地点より半径五〇〇メートル以内では三人に二人が死に、私の生まれ育った東京の下町でも、米軍機B29の東京大空襲《だいくうしゅう》で旧深川区（江東区《こうとうく》）は、一〇人に一人は焼き殺されたではありませんか。……

モニュメントの一つひとつに感慨《かんがい》深《ぶか》く足をとめ、カメラを向けながら歩いているうち、私はいつのまにかキュリー夫人の生家のあるフレタ通りから、旧市街マーケット広場へ来てしまいました。

スタレ・ミアストと呼《よ》ばれるこの一角は、ワルシャワっ子が自慢《じまん》するだけのことはあって、歴史が何世紀も前から停止してしまったような、古色蒼然《こしょくそうぜん》としたオールド・タウンです。石畳《いしだたみ》の道と、モザイクタイルをちりばめたような広場、古めかしいガス灯もよく決まった感じで、周囲はバロック風ゴシック風の建築物がならび、明るいオレンジ色のレンガで構成されているせいか、目の前が急にやわらかく照《て》り映《は》えたようです。

広場には車は入れませんので、いつも歩行者天国と同じに人びとが溢《あふ》れ、売物の屋台がにぎやかに、辻《つじ》楽師たちも出て、路上や壁のいたるところに芸術愛好家たちの作品が展示《てんじ》してあります。

アイスクリームを頬《ほお》ばりながら、アクセサリーの品などひやかして歩いていますと、かつてここが凄惨《せいさん》な戦場だったことなど夢みたいです。

しかし、ワルシャワの町はナチス・ドイツ軍の侵略《しんりゃく》と占領《せんりょう》とで、市街地の八〇～九〇パーセントは破壊《はかい》され、戦前に一四〇万人いたはずの人口は、解放時に一〇万人前後に激減《げきげん》したのですから、スタレ・ミアストだけがその戦火から逃《のが》れられたはずはありません。

ここもまた、瓦礫《がれき》だらけの廃虚《はいきょ》だったのです。

戦後の復興再建計画に当たって、ポーランド人民共和国は、特に旧市街のスタレ・ミアストに限って戦前の面影をそのまま復元することを決定、政府の呼びかけにこたえた生き残りの市民たちは、男も女も老人も子どもたちも、一人ひとりがレンガを手にして再建に立ち上がったのです。そのための青写真となったのは、当時の写実画家カナレットの精緻をきわめる絵画によるところが大きかったといわれます。カナレットはイタリアの画家ですが、ワルシャワに恋《こ》い焦《こ》がれて多くの作品を残しました。それと国立博物館関係者が、ワルシャワの町並《な》みや建築物に関する写真、文書などの約四〇〇〇点を小さな町の地下倉庫に隠《かく》し、無事に戦後まで保存《ほぞん》されたこと。さらに市民たちの印象や記憶《きおく》まで加えて、七年余にわたる汗《あせ》みどろの努力を積み

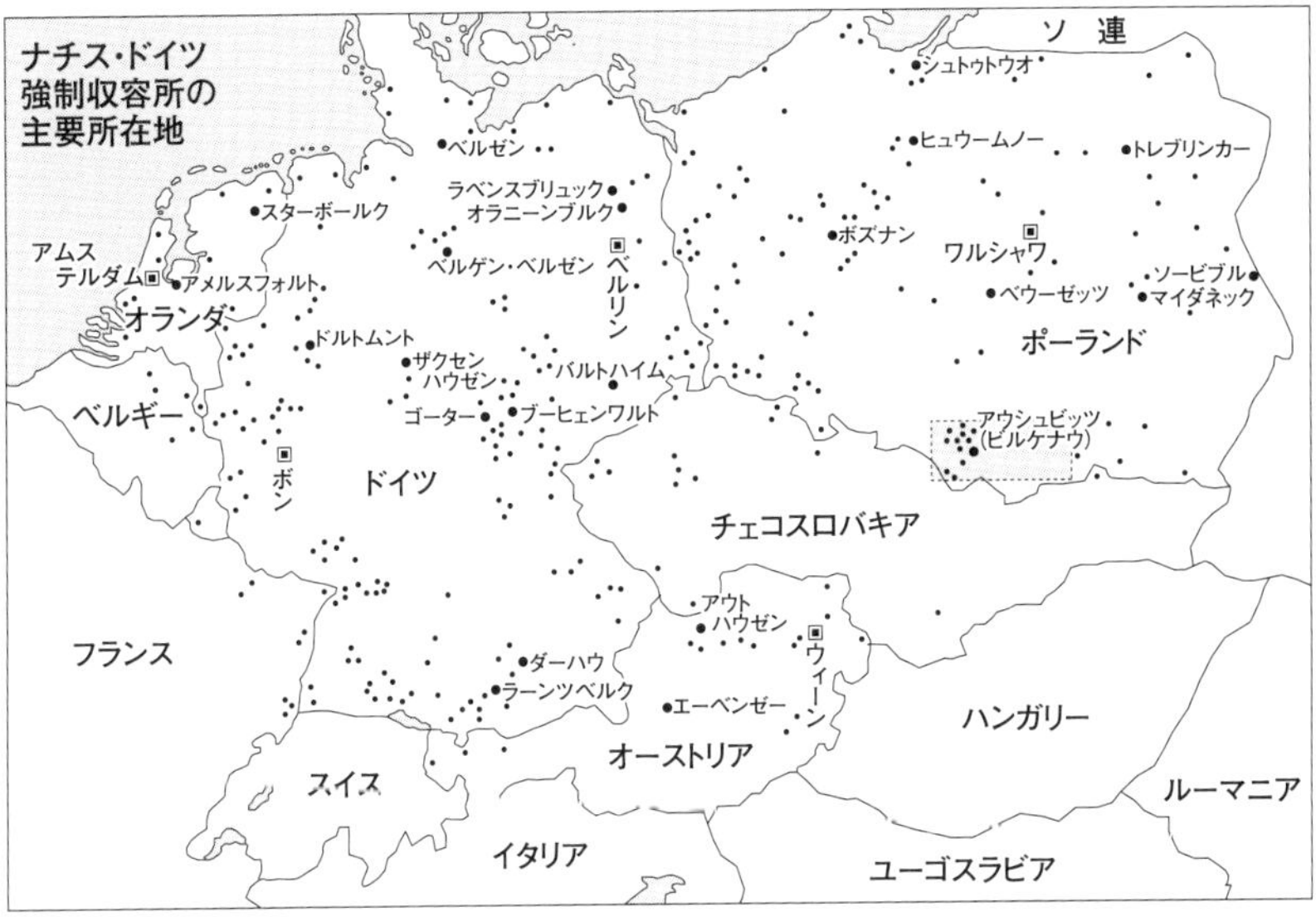

かさね、かつてナチスが破壊しつくしたものを奪《うば》いかえし、昔日《せきじつ》のままに再生させたのがスタレ・ミアストなのです。壁の色合いはもちろんのこと、出入口のデザインからウインドーの装飾《そうしょく》、屋根《やね》裏《うら》の出窓《でまど》も、屋根のひさしの聖天使《せいてんし》の石像から、玄関《げんかん》の扉《とびら》の重厚《じゅうこう》なカンヌキに至《いた》るまで。……ですから、この街角は日本で買い求めたガイドブックにも、「不死鳥のようによみがえった奇跡《きせき》の町」という表現で紹介《しょうかい》されています。

旧市街から少し離《はな》れて、歴代のポーランド王の居城《きょじょう》だった王宮は、目下再現工事が進行中で、これまた一般《いっぱん》市民の労働奉仕《ほうし》とカンパによって作業が行われているという話。たしかに広場の一隅《いちぐう》にガラス張りの透《す》き通った募金箱《ぼきんばこ》が設けられていて、のぞきこむと紙幣《しへい》やコインがどっさり。私は心ばかりのカンパを投じながら、思わずつぶやいたものです。これもまた「執念」の一語に入るものだろうか、と。

ワルシャワの町のあのおびただしい数のモニュメントといい、過去を再生させたスタレ・ミアストといい、さらにはほとんど原形のままに保存されたアウシュビッツ国立博物館といい、なにもかもすべてが平和・平和・平和と叫《さけ》びつづけているようです。戦争体験の「風化」など考えられようはずもなく、そういわれてみればこの国の小・中学生は、ある一定の年齢《ねんれい》になると、アウシュビッツ博物館を見学することが義務づけられており、彼《かれ》らの歴史の教科書は、父母たちが受けた第二次世界大戦の惨禍《さんか》から始まって、中世、古代へとさかのぼっていくとのこと。これでは、「戦争を知らぬ子どもたち」などいくら探《さが》しても見つかるものではありません。

戦後三五年……。その歳月《さいげつ》は、日本もヨーロッパの国々も、どこもみな平等に与《あた》えられたはずなのに、私たちはどこかで、人間としての道を踏《ふ》みはずしたのかもしれない。しかも無意識のうちに。人間の歴史と生活には忘れてよいこともあるかわりに、忘れてしまってはならぬこともあります。忘れてしまってならぬことまで忘れていくとすれば、それは単に「水に流す」などというありきたりな言葉で片付けられようはずがなく、ふたたび同じ誤謬《ごびゅう》が、「近代的マスプロ工業が、人間を垂直《すいちょく》に歩く動物から一キログラムの灰《はい》にしてしまう事業に動員され」（エドガー・スノー）る深刻《しんこく》な事態が繰《く》りかえされるかもしれないのです。

何故なら、過去の戦争の傷痕《きずあと》をかんたんに水に流してすませられる人間にとっては、現在形の迫《せま》りくるファシズムの徴候《ちょうこう》にも、やはり水に流す同質の態度の第三者、傍観者《ぼうかんしゃ》になるのではないかという危倶《きぐ》を、日本人の一人として痛感《つうかん》せざるを得ないからです。そして、そのような本質的な健忘症《けんぼうしょう》は、『夜と霧《きり》』のヴィクトル・E・フランクル教授にいわせるならば、すでに人間としての精神生活の低下現象であり、人間性退行のある種の症状《しょうじょう》――ではないのでしょうか。

アウシュビッツとヨーロッパの旅からかえってそろそろ一年が過ぎようというのに、私は健忘症によく効く薬を飲みすぎたせいか、まだ子どもたちと一緒《いっしょ》に、ガス室に閉《と》じこめられる夢を見てなりません。どこかでがちゃりと鉄扉《てっぴら》が閉じられ、やがて猛毒《もうどく》ガスが煙《けむり》のように流れてくる時、かならずといっていいほど、あの悲痛《ひつう》な母親の声が耳朶《じだ》をふるわせて響《ひび》いてくるのです。

「せめて、せめて、この子だけでも、生かしてやって!……」

一九八〇年版　さいごにひとこと

本書の原稿《げんこう》をまとめている間に、東京・池袋《いけぶくろ》に、「戦犯記念碑《きねんひ》」なるものが建ちました。魚の小骨《こぼね》が喉《のど》につかえたような……という表現がありますが、小骨が喉元《のどもと》に突《つ》きささった感じで、私はこのニュースを受けとめました。

記念碑で顕彰《けんしょう》されたのは、太平洋戦争開始当時首相《しゅしょう》だった東条英機ら七人です。彼《かれ》らは戦後の極東国際軍事裁判《さいばん》（東京裁判）で絞首刑《こうしゅけい》の判決を受け、戦後三年目の暮《く》れに処刑《しょけい》されたのですが、その場所＝巣鴨拘置所跡《すがもこうちしょあと》が最近になって六〇階建ての超高層《ちょうこうそう》ビル「サンシャイン60」を中心とする「サンシャインシティ」として生まれかわり、この一角にできた区立公園内に「遺跡《いせき》」として登場したというわけです。

建碑《けんぴ》の主は豊島区ですが、さかのぼること一六年も前の閣議了解《かくぎりょうかい》とやらを尊重《そんちょう》したということで、内外の批判《ひはん》の声を気にしてか、衆参《しゅうさん》両院選挙投票日前日の六月二一日、特別の式典もなくこっそりとオープンしました。これに対して、山家和子さんを代表とする「戦犯記念碑建設に反対する連絡会《れんらくかい》」は戦争を放棄《ほうき》した憲法《けんぽう》に違反《いはん》し、国が自治権《じちけん》をも侵害《しんがい》したとの立場から、違憲訴訟《いけんそしょう》に持ちこむかまえとやら。

私は新聞を見ながら、三五年もの歳月《さいげつ》が一瞬《いっしゅん》に消滅《しょうめつ》してタイムトンネルをくぐり抜《ぬ》け、自分が少国民として、戦時中に生きているかのような錯覚《さっかく》に襲《おそ》われました。時あたかも、本書の終章に没頭《ぼっとう》していたせいかもしれません。それこそ草の根をわけるようにして旧ナチス分子を追い続け、検証裁判で戦争責任を追及《ついきゅう》している人びとのことを、さらには無名戦士の記念碑だらけのワルシャワのことを、私は夢中で書き綴《つづ》っていました。仕事が一区切りついて、ふと目を上げたら、こちらでは「戦犯記念碑」が建ったというわけで、なんとも割《わ》りきれぬ不可思議な話です。ヨーロッパの人たちでしたら、「そんな馬鹿《ばか》な」と首を振《ふ》り、一笑《いっしょう》にふされることでしょう。いや、もの笑いの種になるよりも、そうかんたんに信じてもらえないかもしれません。

あえていうまでもないことですが、第二次世界大戦に重大な責任を負うべきA級戦犯は、だれがどのように取りつくろおうとも、ナチス同様に、あの侵略《しんりゃく》戦争の直接的な加害者です。閣議了解とはいかなる拘束力《こうそくりょく》を持つものか知りませんが、加害者を顕彰する前に考えてもらわねばならないのは、その戦争で夫婦《ふうふ》、親子、肉親を引き裂《さ》かれ、無残に生命を奪《うば》われ、塗炭《とたん》の苦しみを受けた民衆《みんしゅう》のことではないのでしょうか。

すでに何冊《なんさつ》かの書物に書きとめてきたことですが、私が一二歳《さい》で体験した東京大空襲《だいくうしゅう》の三月一〇日は、わずか二時間たらずのB29による無差別爆撃《ばくげき》で一一万人が傷《きず》つき、一〇万人もの生命が失われたのです。一夜明けた焼土《しょうど》には、るいるいと折り重なった死体が、道を運河を橋を埋《う》めつくし、その鮮烈《せんれつ》な記憶《きおく》ばかりはつい昨日のことのように網膜《もうまく》に焼きつけられたままなのに、こうした無念の死をとげた人たちをしのぶ、国の、都の、あるいは区による慰霊碑《いれいひ》は、繁栄《はんえい》を極《きわ》めた東京のどこにもありません。

真の犠牲者《ぎせいしゃ》のほうはそっちのけの強引《ごういん》な「戦犯記念碑」の建立《こんりゅう》は、戦争犯罪人を犠牲者にすりかえ「殉国《じゅんこく》の士」にまつりあげようという意図あり、といわれてもしかたなく、それは結果的にあの侵略戦争の肯定《こうてい》と美化に結びつきはせぬか、と私はおそれるのです。建碑の前に、これらA級戦犯がこれまたこっそりと靖国《やすくに》神社に合祀《ごうし》され、昭和の受難者扱《じゅなんしゃあつか》いになったことなどを見ても、私の危倶《きぐ》がそう大きくはずれているとは思えません。そういえば、「君が代」も国歌として教室に持ちこまれましたし、「元号法制化」も強行され、「小選挙区制」から戦時を想定しての「有事立法」の動きも顕著《けんちょ》なら、財界から「そろそろ徴兵制《ちょうへいせい》を検討《けんとう》しなくては……」のアドバルーンまで打ちあがり、軍備増強と武器輸出をの声がこだまして、なにやら急速に物騒《ぶっそう》な時代になってきました。戦争の亡霊《ぼうれい》復活ともいうべき「戦犯記念碑」は、もしかすると、そうした一連の動きを象徴《しょうちょう》するものなのかもしれません。

＊

さまざまな思いをこめて、私は本書のペンを進めました。

アウシュビッツは、すでに三五年前に遠ざかった第二次世界大戦下のおそるべき大量殺戮《さつりく》ですが、ナチスは敗れ、人間の人間による終末状況《じょうきょう》はとっくに終止符《しゅうしふ》が打たれたもののはずでしたのに、民衆に対するファッショ的圧制ともいうべき大量虐殺《ぎゃくさつ》は、ポル・ポト政権下《せいけんか》のカンボジアにまで続いています。そしてまた新たな顔を持ったネオ（新版）ファシズムが、いつどこからふいに登場するかも——あるいはすぐ足元からでもむくむくと頭をもたげてきそうな時間の中で、私はふたたびアウシュビッツの重い扉《とびら》を開いて見る気になったのでした。それは、ひとことでいってしまうなら、現代をより人間らしく生きるために、平和の思想をこの手に確《かく》認《にん》するために、さらには、終末的状況を未然に回避《かいひ》するために。

＊

最後に、本書に多くの写真、図版を快く提供《ていきょう》してくださいました駐日《ちゅうにち》ポーランド大使館のみなさんに深謝し、編集担当《たんとう》の梅津《うめづ》勝恵《しょうえ》氏、装幀《そうてい》の杉松欅《すぎまつけやき》氏、松浦《まつうら》総三氏、岩倉務氏に、心からのお礼を申し上げる次第《しだい》です。

一九八〇年八月

本書のなかで引用、または参考にさせていただきました資料は次の通りです。


ヒロシマ・アウシュビッツ委員会編集『アウシュビッツ展』（カタログ）朝日新聞社、一九七二年。

ルドルフ・ヘス著、片岡啓治訳『アウシュヴィッツ収容所』サイマル出版会、一九七二年。

ジャック・ドラリュ著、片岡啓治訳『ゲシュタポ・狂気の歴史』サイマル出版会、一九七一年。

ルーシ・S・ダビドビッチ著、大谷堅志郎訳『ユダヤ人はなぜ殺されたか』（第1部、第2部）サイマル出版会、一九七八、七九年。

トーマス・マン序、片岡啓治訳『血で書かれた言葉』サイマル出版会、一九七四年。

オルガ・レンゲル著、金森誠也訳『アウシュヴィッツの五本の煙突』（世界ノンフィクション全集28）筑摩書房、一九六二年。

エリ・ヴィーゼル著、村上光彦訳『夜』みすず書房、一九六七年。

フランクル著作集1、霜山徳爾訳『夜と霧』みすず書房、一九六一年。

ワルター・ホーファー著、救仁郷繁訳『ナチス・ドキュメント』ぺりかん社、一九六九年。

坂西八郎、エイジ出版共編『ECCE HOMO エクツェ・ホモ』エイジ出版、一九七九年。

篠田浩一郎著『閉ざされた時空』白水社、一九八〇年。

曽野綾子著『奇蹟』文春文庫、一九七七年。

E・A・コーエン著、清水・高根・本間訳『強制収容所における人間行動』岩波書店、一九五七年。

プリーモ・レーヴィ著、竹山博英訳『アウシュヴィッツは終わらない』朝日新聞社、一九八〇年。

佐藤行通著『日本中が私の戦場』東邦出版社、一九七〇年。

H・マウ、H・クラウスニック著、内山敏訳『ナチスの時代』岩波新書、一九六一年。

ジルベール・バディア著、西海太郎訳『ヒトラーの前夜』新日本新書、一九七九年。

鈴木安蔵・永井潔・大岡昇平・嬉野満洲雄他著『日独伊防共協定前後』新日本新書、一九八〇年。

H・グラッサー著、関楠生訳『ヒトラーとナチス』現代教養文庫、社会思想社、一九六三年。

黒田秀俊著『南京・広島・アウシュヴィッツ』太平出版社、一九七四年。

上林貞治郎著『ドイツ社会主義の成立過程』ミネルヴァ書房、一九六九年。

犬丸義一、中村新太郎著『物語・日本近代史3　民衆運動の高揚から敗戦まで』新日本出版社、一九七一年。

NHK取材班編『あの時、世界は……　磯村尚徳・戦後史の旅1』日本放送出版協会、一九七九年。

山中恒著『ボクラ少国民』辺境社発行、勁草書房、一九七四年。

『朝日新聞』一九七九年一〇月二六日、同一一月二一日、同一二月二八日、一九八〇年二月一三日。

『毎日新聞』一九七九年八月一五日、同一二月四日。

『読売新聞』一九八〇年一月一七日。

『平和新聞』一九八〇年六月二五日。

総合あとがき

本書に収録《しゅうろく》した二編は、いずれも一九八〇年代初期に、初版が独立して刊行されたレポートである。

一九七〇年夏に「東京空襲《くうしゅう》を記録する会」を呼《よ》びかけた私は、革新《かくしん》都政の援助《えんじょ》を受けて都民参加の大資料集作りに入ったが、個人的にも空襲関係本をまとめるなど、フル回転だった。もともと不慣れな作業に加え、能力不足で仕方なかったが、三年がかりで『東京大空襲・戦災誌《し》』（全五巻《かん》）が完成するのに並行《へいこう》して、戦災で苦労したのは東京だけではないぞとばかりに、全国的に空襲・戦災を記録する市民運動が開始された。これを基盤《きばん》にして『日本の空襲』（全十巻）をまとめることになる。ベトナム戦争の激化《げきか》した背景《はいけい》と、無関係ではなかったと思う。

『日本の空襲』は、およそ五年がかりで三省堂から刊行されたが、ほっと一息ついてみると、七〇年代も残りわずかになっていた。そこで、エッセー集や子育て記録で親交があった出版社・草土文化の意向もあって、海外にも目を向けてみようかという気になった。

しかし、英語はもちろん外国語はまったく不能な私は、取材入りの一人旅などできようはずがない。「そりゃ無理だよ」といったかどうかは覚えていないが、編集部の梅津《うめづ》勝恵《しょうえ》氏は「有能な通訳《つうやく》をつければいいんじゃないですか」と、あっけらかんとしたもの。ああ、そうか、という次第《しだい》で、知人たちを誘《さそ》ってのツアー企画《きかく》となった。その第一回が一九七九年夏の「東独・ポーランドの旅」である。

この旅程には、ナチス・ドイツの強制収容所訪問《しゅうようじょほうもん》が二つも入っていた。東独はブッヘンワルド強制収容所で、ポーランドではアウシュビッツ強制収容所である。二ヵ所は重いかなと不安があったが、その危惧《きぐ》はまちがいではなかった。私はかなりの衝撃《しょうげき》を受けて、帰国後の時差ボケ状態が、容易に解消できなかった。

特にアウシュビッツで確かめたものは、さながら悪夢のようで信じがたく、それが現実だとすると、次に「なぜ?」「なぜ?」と突《つ》き上げてくる疑問《ぎもん》から、参考書を読みあさり、短期間に執筆《しっぴつ》したのが、『アウシュビッツと私』(当初は同博物館提供《ていきょう》のガイドブックを収録)で、一九八〇年、草土文化刊である。

この時期のアウシュビッツにおける死者数は推定《すいてい》四〇〇万人とされていたが、その後に厳密《げんみつ》な調査により、現在は約一五〇万人とされている。東京大空襲三月一〇日の死者一〇万人でも、初めて聞いた人は、ぎょっとなるのに、ケタはずれの数字ではないか。ヨーロッパにおける第二次世界大戦の本質に触《ふ》れた思いである。

一九八三年には、「オランダ・西独の旅」で、オランダでは、なんとしてもアンネ・フランクの隠《かく》れ家《が》を訪《たず》ねてみたかった。

といっても、隠れ家は大勢の出入りする場所ではない。押《お》すな押すなの人出では、とうていアンネのひそやかな心境には届《とど》くまいと思い、先にアンネ・フランク財団と、隠れ家を守り続けた女性ミープ・ヒースさんに手紙を出して、一冊《さつ》にするのでぜひと協力を依頼《いらい》した。ほどなくして返事がきた。共《とも》にOKだった。ダメ元でいたが、なんでも物事は積極的に出てみるべきである。

特に家族でミープさん宅《たく》に招かれたのは、感激《かんげき》だった。ミープさんはその後、二〇一〇年に一〇〇歳《さい》で、夫のヤン・ヒース氏はその一七年前の一九九三年に、亡《な》くなった。お元気なうちに会えて、大事な証言を得られたのは幸運だったと思う。

こうして、草土文化のハンディな写真集「母と子でみる」シリーズの一冊として、一九八四年に『アンネ・フランク―隠れ家を守った人たち』が世に出た。

この間に前記の草土文化から、梅津氏が分家・独立して草の根出版会として引き継いだ。私は同社の「母と子でみる」シリーズだけでも、海外取材を主に三一冊をまとめてきたが、現在はすべてが入手不能となったのが、残念でならない。

同社は「草の根平和交流」へと引き継がれているが、出版事情も変わって、本は出来ても広めるのは容易ではなく、そうこうしているうちに私も友人たちも、みんないいトシになってしまった。

当初は図書館でも児童書扱《あつか》いになった愛着の「母と子でみる」シリーズだが、考えてみるに母子向けの書き方はしてこなかった。そこで今回は次世代のさまざまな年齢層《ねんれいそう》に読んでもらえたら……という願いをこめて、復刻版《ふっこくばん》的な新版となった。写真は少なめになったが、本文は原文のまま、全部が当時の書き下ろしで、ナチス・ドイツにかかわる二作を収録した。そのためにいささかのダブりが気になるが、文脈上そのままにしたのを、お許しいただきたい。

さて今後の予定だが、半年ほど先に№2を考えている。そんな間隔《かんかく》で№5、6くらいまでいけるかどうかは読者次第で、新日本出版社の皆《みな》さんと、編集部の柿沼秀明さんには、先にご苦労さまと申し上げて、感謝のペンをおくことにする。

二〇一七年九月　　早乙女勝元

引用一覧

早乙女勝元編『母と子でみる　アンネ・フランク―隠れ家を守った人たち』（草の根出版会）
早乙女勝元編『母と子でみる　アウシュビッツ』（草の根出版会）
早乙女勝元著『アウシュビッツと私』（草土文化）

早乙女勝元(さおとめ　かつもと)
1932年東京生まれ。作家、東京大空襲・戦災資料センター館長。主な近著書に『螢の唄』(新潮文庫)、『わが母の歴史』(青風舎)、『もしも君に会わなかったら』『私の東京平和散歩』『ゆびきり』(以上、新日本出版社)、『東京空襲下の生活日録』『下町っ子戦争物語』(以上、東京新聞出版局)、編著に『平和のための名言集』(大和書房)など多数。

アンネ・フランク

2017年10月30日　初　版　　NDC913 222P 21cm

作　者　早乙女勝元
発行者　田所　稔
発行所　株式会社新日本出版社
〒151-0051　東京都渋谷区千駄ヶ谷4-25-6
営業03(3423)8402
編集03(3423)9323
info@shinnihon-net.co.jp
www.shinnihon-net.co.jp
振替　00130-0-13681
印　刷　光陽メディア　　製　本　小泉製本

落丁・乱丁がありましたらおとりかえいたします。

ISBN978-4-406-06178-0　C8022　Printed in Japan

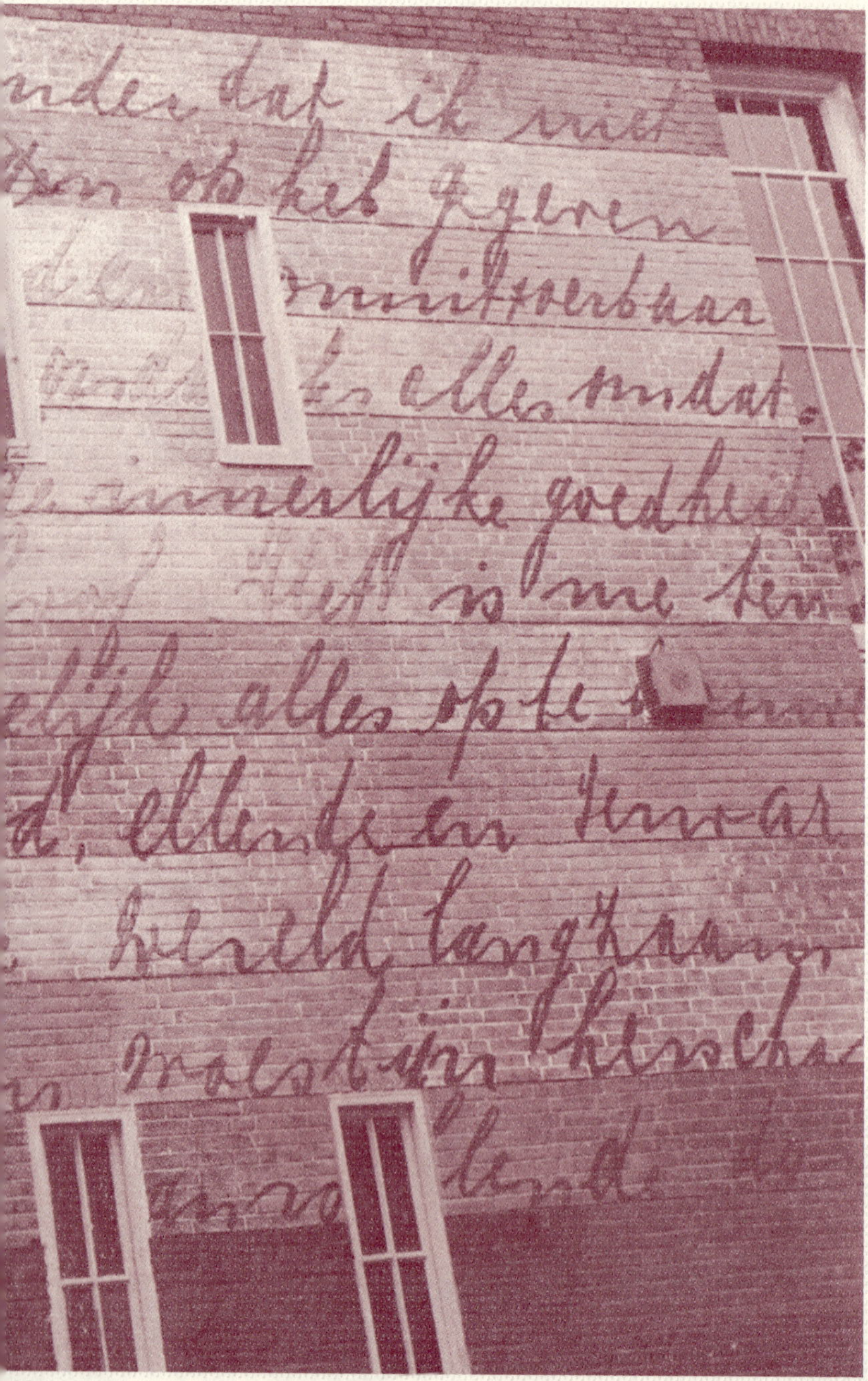
dat ik niet
gegeven
onuitvoerbaar
alles omdat
goedheid
is me ten
alles op te
ellende en
langzaam

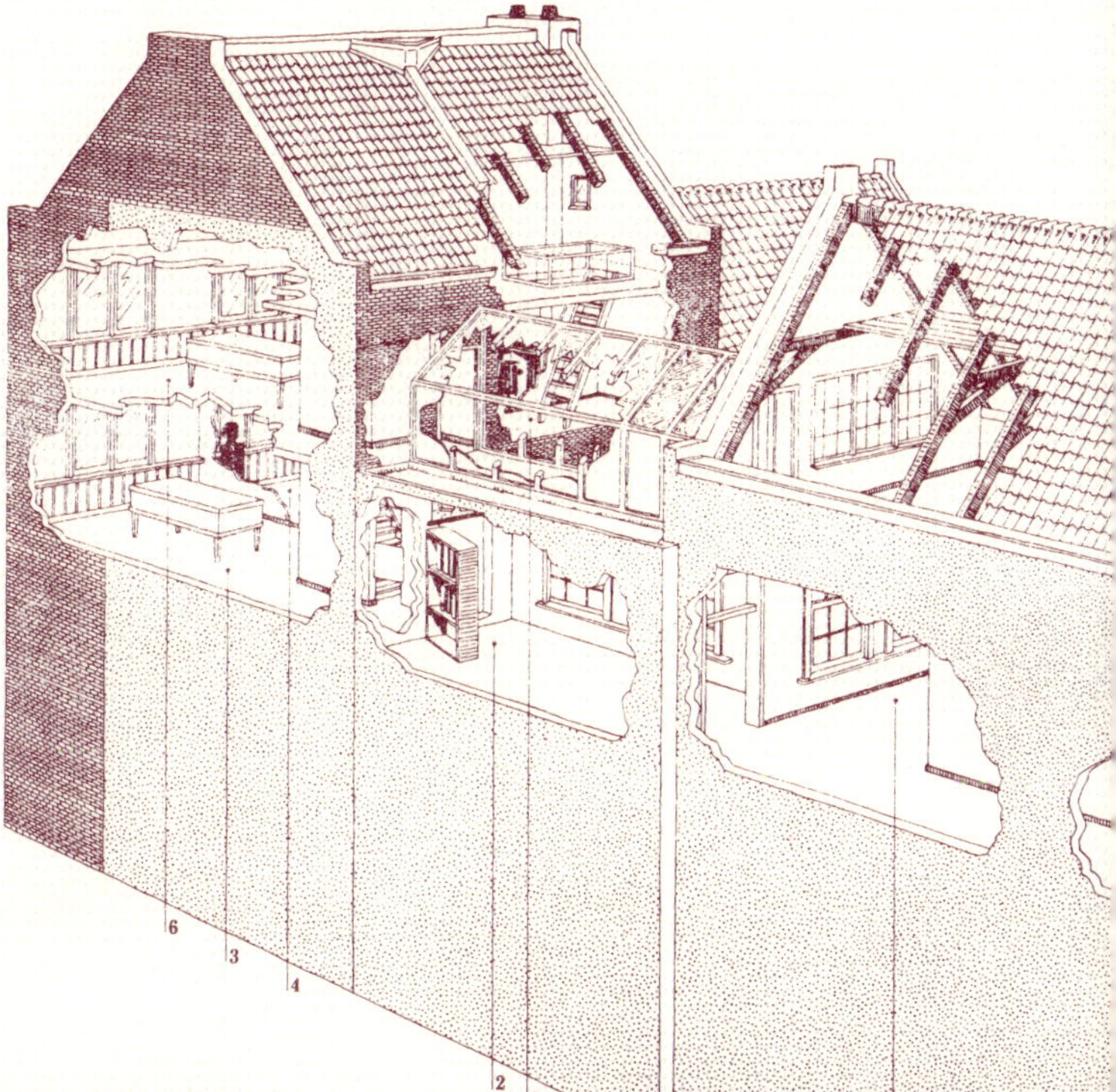

内部・図解・解説

1．第2次大戦関係資料展示。
2．ANNEX（隠れ家）入口。中庭を見下す窓には、眼隠し用の紙が貼られている。回転本棚の後に、入口のドアがあり、その上部は掛地図で隠されている。
3．フランク家の居間。　フランク夫妻とマルゴットは、ここに寝起きした。壁には、連合軍の進撃状況を示した、ノルマンディの地図が貼られ、そのそばに、姉妹の背丈の伸びを記した線のあとが残っている。
4．アンネの部屋。　デュッセル医師と共用した、アンネの寝室。雑誌から切抜いた、写真や絵が、壁いっぱいに貼られている。
（5．洗面所 図中には現れていない）。　洗面所が使用できたのは、表の事務所の、勤務時間外だけだった。音の洩れる、危険があったからである。
6．ファン・ダーン家の居間。　洗面所の急な階段を昇ると、ファン・ダーン夫妻の寝室、兼、隠れ家全員の台所・食堂に出る。夜になると、すべての窓に、黒い板が張られた。その跡が今でも見られる。
7．ペーターの部屋。　屋根裏につづく、梯子階段がある。中庭に面した、ここの窓だけが、開放しても安全な、唯一の窓だった。この場所の一部は、食糧置場にも使われた。
8．アンネと、日記に関する展示室。　戦後設けられた、渡り廊下を通って、隠れ家からこの部屋に出る。
9．受付（カウンター）。　壁面には、現在世界各地で起っている、偏見、差別、抑圧、虐待などを、テーマにした、パネルの展示。
10．展示室出口。　アンネ・フラン
目的、使命に沿った、各種テーマに
が、毎年開催される。

アンネ・フランク・ハウス断面図　（アンネ・フランク・ハウス財団が日本語版として発行しているもの。裏面には、当財団の目的などが克明に記されている）

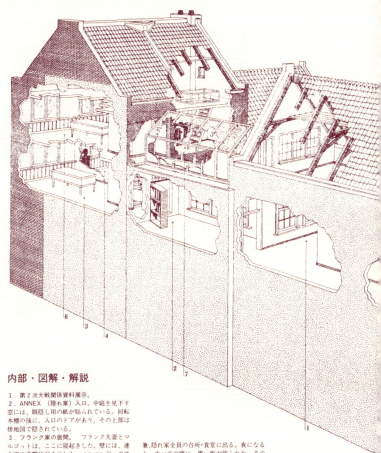